U0116063

戰國楚簡研究

淺野裕一　著

佐藤將之　監譯

謝　辭

筆者謹對以下的學報及研究中心
許可將這些文章收入於本書
表達衷心的謝意

國立清華大學《清華學報》

國立台灣大學東亞文明研究中心

目　次

謝辭 i

原作者序 v

第一部分：總論 1

　第一章：戰國楚簡與古代中國思想史的再檢討 3

第二部分：郭店楚簡思想的探討 17

　第二章：〈太一生水〉與《老子》之「道」 19

　第三章：〈窮達以時〉中的「天人之分」 35

　第四章：〈緇衣〉的思想史意義 57

第三部分：上海博物館藏楚簡思想的探討 83

　第五章：〈容成氏〉的禪讓與放伐 85

　第六章：〈魯邦大旱〉的「名」 113

　第七章：〈魯邦大旱〉的「刑德」 129

　第八章：〈恆先〉的道家特色 147

監譯者後序 185

索引 193

原作者著作目錄 203

原作者序

　　筆者初次著於手新出土資料的研究，是在 1972 年時利用山東省臨沂縣銀雀山漢墓出土的《孫子兵法》竹簡作爲底本而進行研究，並於 1986 年完成十三篇《孫子》的注釋。筆者於 1970 年撰作東北大學的畢業論文時使用的文本是《孫子》宋本十一家本，當時文獻學的常識是漢籍的文本無法追溯於北宋以前。因此，能夠使用漢武帝之前的文本是又驚訝又欣喜的事情。

　　1976 年，從湖南省長沙的馬王堆漢墓發堀了大量的帛書。當時筆者甫自東北大學的研究所畢業，剛任教於位在日本西部的島根大學。在即刻開始利用〈經法〉〈十六經〉〈稱〉〈道原〉等之《黃帝書》以研究黃老思想的同時，也研究了〈五行〉〈九主〉等思想。 由於這些研究，我於 1991 年取得了博士學位，並於隔年 1992 年將此博士研究以《黃老道的成立和展開》爲書名出版。

　　此後，因爲研究重點轉移到名家或儒家經學成立史的研究主題，暫時沒有接觸到出土資料方面的研究。然而在 1993 年從湖北省荆門市郭店的楚墓中出土了戰國時代的楚簡，日本的研究學者在 1998 年五月文物出版社所發行的《郭店楚墓竹簡》中得知關於其發掘的全部內容，而此書在日本開始賣的同年六月以後。恰好此時，筆者在島根大根大學任教時的學生，當時大阪大學助教授的湯淺邦弘打電話過來，並勸說爲了對應此狀況，需要組織研究會。於是筆者和在島根大學任教時的學生湯淺邦弘、福田哲之、竹田健二、以及和菅本大二五人，於 1998 年秋天組成「戰國楚簡研究會」，並開

始了郭店楚簡的共同研究。

　　而由於 1991 年上海《文匯報》報導了上博楚簡的發現，於是之後筆者帶領了研究會的會員和東北大學的研究生，於 2001 年 8 月和 2002 年 8 月兩次參觀上海博物館，探訪了曾於 1994 年在香港古董市場購入戰國楚簡而進行整理和解讀作業的前館長馬承源、濮茅左、陳佩芬、姚俊等，因而對於上博竹簡的進一步的瞭解，頗有斬獲。

　　如此，除郭店楚簡之外，上博楚簡也成爲我們的研究對象。在我們進行研究同時，由於本會的菅本大二先生與台灣大學哲學系的助理教授佐藤將之先生有交往，我們也開始與台灣的學者進行交流活動。2003 年 12 月，在台灣大學舉行「日本漢學的中國哲學研究與郭店・上海竹簡資料」國際研討會，戰國楚簡研究會的研究成員淺野裕一、福田哲之、竹田健二、以及菅本大二四人列席參加，並且宣讀論文。

　　另外，2004 年 3 月，戰國楚簡研究會邀請始自台灣大學哲學系教授陳鼓應，到郭梨華、林素英、林啓屏、顧史考、袁國華等諸位學者，由該會的湯淺邦弘主辦，在大阪大學以〈戰國楚簡和中國思想史研究〉爲題舉行國際研討會。還有 2004 年 4 月台灣大學東亞文明中心也主辦了關於戰國楚簡國際研討會，此會的名稱是〈上博簡與出土文獻研究方法學術研討會〉。戰國楚簡研究會的淺野裕一、福田哲之、以及竹田健二的三人列席參加，並且宣讀論文。

　　在此期間，經由東吳大學郭梨華教授的介紹，與萬卷樓圖書有限公司的梁錦興經理見了面，將〈戰國楚簡研究會〉的研究成果翻譯成中文而由萬卷樓出版的計畫得到初步的共識。在此筆者要獻上由衷的感謝給協助介紹的郭梨華教授。本書是其企劃的第一冊。在出版之際，佐藤將之先生，除了監譯作業之外，還爲我們處理關於本書出版的一切繁瑣的作業。佐藤先生是研究古代中國思想的學

者，而本書的出版由此專門的研究者鼎力協助，讓筆者相當地放心。關於筆者論文的初譯稿是麻煩了國立中正大學金培懿助理教授、京都大學博士班的王綉雯小姐、北京清華大學的刁小龍先生，李敏先生，還有擔任索引製作的東北大學久保由布子小姐、擔任排版、造字、校對等作業的佐藤研究室的研究生諸君，在此深感謝意。

　　現在，日本研究學者對新出土資料的態度，大致上可分為以下三種。第一種立場是，將郭店楚簡或上博楚簡視為偽造品，心裡迫不及待地盼望這些文獻將會有被認定為偽造之日，並以冷漠的態度來面對目前的狀況。由於這類正直的人向外一律不表示其見解，所以難以掌握其實際動態。

　　第二種是，雖然將郭店楚簡或上博楚簡等文獻看做真品，但態度上動輒試圖將這些文獻的思想年代拉晚到戰國時代最末年。他們濫用「這些出土文獻中可以看出荀子的影響」或「受到〈呂氏春秋〉的影響的雜家傾向」等說法，試圖將其思想年代拉到戰國最晚期，並且固守著往年疑古派的學說。

　　第三種是將郭店楚簡或上博楚簡等文獻看做真品，同時也視之為公元前 300 年前後的寫本，基於此前提試圖重建中國古代思想史的脈絡。我們戰國楚簡研究會的成員基本上採取此立場。

　　藉由本書的出刊，筆者的研究得以有機會讓台灣和中國的學者看到，深感欣喜。我衷心希望今後「戰國楚簡研究會」的研究成果能順利出刊，以資國際性的學術交流。

2004 年 8 月 16 日

戰國楚簡研究會代表

淺野裕一 謹識

第一部分

總　論

第一章

戰國楚簡與古代中國思想史的再檢討

　　近年雖有多數之出土資料被發現，然於研究古代中國思想史上具有特殊重要意義的，或恐當屬一九九三年自湖北省荊門市之郭店一號楚墓中出土的郭店楚簡；以及上海博物館於一九九四年自香港文物市場買進，上海博物館館藏的戰國楚簡（以下簡稱上博簡）[1]。此等兩種種類之戰國楚簡的抄寫年代，無論何者皆被推定爲戰國中期（公元前三四二～公元前二八二年），這些文獻在被確定並非成立於秦、漢以後；而是所謂的先秦之書的同時，關於其中與留傳後世之文獻重複者，其成立年代的下限，亦比歷來格外明瞭。

　　因此，本篇論文將就戰國楚簡對古代中國思想史研究所產生的影響，進行若干介紹。首先，筆者試圖提出的乃是環繞「六經」之成立時期的這個問題。關於「六經」乃至「五經」的成立時期，截至當時爲止，由於缺乏確實的資料，此點遂成爲該研究之障礙，無法使該方面的研究脫離曖昧模糊的狀態。但是藉由郭店楚簡和上博簡的發現，使得從前束手無策的研究狀態，提高了解開的可能性。

---

　　[1] 有關上博簡之詳細情形，請參閱馬承源主編《上海博物館藏 戰國楚竹書（一）》（上海古籍出版社，二〇〇一年）。

　　蓋郭店楚簡的〈六德〉中，關於「六經」，有如下值得注意的記載。

　　　　觀諸《詩》、《書》則亦在矣。觀諸《禮》、《樂》則亦在矣。
　　　　觀諸《易》、《春秋》則亦在矣。

〈六德〉所闡述的，乃是：夫、婦、君、臣、父、子之六位，與聖、智、仁、義忠、信之六德，率、從、使、事、教、受之六職之間，其理想的對應關係，亦可見於《詩》、《書》、《禮》、《樂》、《易》、《春秋》等六書中。在此，相當明瞭的是，〈六德〉中出現《詩》、《書》、《禮》、《樂》、《易》、《春秋》之名稱，而其與先秦儒家視為經典的「六經」，內容完全一致。而且甚至其列舉的順序，亦與《莊子》〈天運篇〉中所謂：「丘治《詩》、《書》、《禮》、《樂》、《易》、《春秋》之六經，自以為久。」以及同是《莊子》〈天下篇〉中所說的：「《詩》以導志；《書》以導事；《禮》以導行；《樂》以導和；《易》以導陰陽；《春秋》以導名分。」之「六經」的順序，完全符合。

　　因此，毫無疑問的，〈六德〉被寫成的當時，儒家已然將此六種典籍視為經典。姑且不論當時是否存在著所謂「六經」這樣的總稱，然而先秦儒家將此六種典籍奉為特別的經典，則是一確切的事實。

　　進而於郭店楚簡之〈語叢一〉中，亦可見到有關儒家經典之記述。

　　　　《易》所以會天道人道也。
　　　　《詩》所以會古今之志也者。
　　　　《春秋》所以會古今之事也。

在〈語叢一〉中對《易》、《詩》、《春秋》等各別提示了簡略的解說。而此種記述的存在，則表示了〈語叢一〉被寫成的當時，《易》、《詩》、《春秋》已被儒家視爲經典的情形。

郭店一號楚墓的建造時期，被推定爲當在公元前三百年左右。另外，在陪葬品當中，因爲有兩支君主下賜高齡者的鳩杖，所以墓主被認爲應是超過七十歲的高齡者。而所謂〈六德〉與〈語叢一〉這些郭店楚簡，則應是墓主生前所擁有的書籍。設若墓主是在五十歲左右獲得這些抄本的話，那麼這些抄本的抄寫年代當在公元前三二〇年左右。另外，設若墓主是在二十歲左右獲得這些抄本，則這些抄本的抄寫年代，便成爲是在公元前三五〇年左右。

原本這些抄本因爲乃是眾多經過輾轉重複抄寫的抄本中之一本，並非原著，故原著的成書年代，要在郭店抄本的抄寫年代上，更往前追溯。而由於一般原著在成書之後，到輾轉重複抄寫的抄本廣爲流傳爲止，須要相當長的一段時期，即便將此幅度縮短估計，也有必要回溯十年或二十年。

現今，假定墓主是在三十歲左右獲得這些抄本，則〈六德〉的抄寫年代便是在公元前三四〇年左右，那麼原著的成立年代若由此往前回溯二十年，則〈六德〉的成書年代，便是在公元前三六〇年左右。

至於〈語叢一〉的情形則稍微比較複雜，可以設想得到的是：其有可能與〈六德〉相同，經歷了同樣的過程而被當作郭店一號楚墓的陪葬品；或有可能是墓主自各色書中所抄錄的短文，自己作成的格言集。

若是前一個假設，則〈語叢一〉的抄寫年代與成書年代，便可

以與前述的〈六德〉一篇有相同的設定；但若是後一個假設的話，結果又將如何？設若墓主編集〈語叢一〉是在其三十歲左右時的話，那麼便是在公元前三四〇年左右。其時墓主為抄錄短文所利用的各種書籍，當然在當時業已成書，而由於吾人無法想像墓主所利用的這些書籍，其各自全都是原著，所以這些提供作為抄錄材料的書籍，其成書年代可上溯到公元前三四〇年左右。假設若再上溯二十年，則為公元前三六〇年左右，結果其成書年代便與〈六德〉相同。

如是，即便〈六德〉與〈語叢一〉之間，存在著性質上的差異，但在推定其原本的記述成立年代時，結果是即使將兩者視為相同亦無不可。

而若吾人將〈六德〉的成書年代，和將提供〈語叢一〉材料的書籍之成書年代，設定為公元前三六〇年左右，在這之上進一步來考察「六經」的話，又將有何種結果？下文筆者試圖排除〈語叢一〉中無有明確記載的《書》、《禮》、《樂》三者而來加以考察。誠如前文所述，〈六德〉與〈語叢一〉兩者，皆是承襲儒家將《易》、《詩》、《春秋》視為經典的情況下而有的記述。所以當然自兩者成書以前，儒家已將《易》、《詩》、《春秋》視為經典。若將其時間的幅度盡可能縮短地加以設想，假定之間相差十年的話，則儒家開始將《易》、《詩》、《春秋》視為經典，應該是在公元前三七〇年左右。又因為不可能是將原本不存在的書籍視為經典，所以《易》、《詩》、《春秋》的存在，當然不得不在此公元前三七〇年之前。其中，有關於《詩》一書，由於《論語》中言及《詩》者為數頗多，吾人可以確定的是：關於《詩》的成立，可上溯到比孔子活動的公元前六世紀以前更早的時期，該書便已成書。

本於此推測結果，當吾人來考察歷來的古代中國思想史研究時，

又會有何種結果？關於《周易》何時成爲儒家經典的這一問題，武內義雄的《中國思想史》（岩波書店，一九五三年）和武內義雄的《易と中庸の研究》（岩波書店，一九四三年）二書中，武內說道：在孔子和孟子、荀子的時代，《易經》尚未被經典化，而是在秦始皇焚書以後，子思後學才在五經之學問中，增設《易經》一經。金谷治在《秦漢思想史研究》（日本學術振興會，一九六〇年；平樂寺書店，一九八一年重刊）書中，亦認爲《周易》成爲儒家經典的時期，是在秦始皇焚書以後。另外，津田左右吉《左傳の思想史的研究》（東洋文庫，一九三五年）和平岡武夫《經學の成立》（全國書房，一九四六年；創文社，一九八三年再版）二書，皆認爲《易經》是在漢代以後，才被加進儒家的經典當中。

如上所述，在歷來古代中國思想史研究當中，認爲《周易》成爲儒家經典的時期，是在秦代以後，或者是在漢初的想法，已成爲一種通論。然而，藉由郭店楚簡的發現，此種通論完全呈現其破綻。誠如前文所述，在〈六德〉與〈語叢一〉的記述中，顯示出無論多晚，《易經》成爲儒家之經典，最遲當在戰國前期（公元前四〇三～公元前三四三年）。以是，《易經》成爲儒家經典的時期，不得不比截至目前爲止的通論，往前推二〇〇年左右。

在這一點，有關《春秋》亦完全相同，《春秋》最晚在戰國前期（公元前四〇三～公元前三四三年），必然已經成爲儒家之經典。因此，《左傳の史料批評的研究》（東京大學東洋文化研究所，汲古書院，一九九八年）等書，平勢隆郎一連串以《春秋》之成書年代，乃在公元前三三八年以後的說法，因爲郭店楚簡的發現，顯然地絕

對無法成立。[2]

　　接著筆者想就上博簡《周易》所帶來的見解而加以試論。上海博物館的中國歷代書法館中，展示了可稱為現行本的《禮記》之〈緇衣篇〉和〈孔子閒居〉；《大戴禮記》的〈武王踐阼篇〉；《周易》；及新出土的《季桓子》等，上博簡中五種文獻的竹簡放大照片，各有兩本，總計有十本展示。

　　上博簡《周易》與現行本《周易》之間，最大的差異點乃是：相對於現行本所採取的體裁，是將十翼的彖傳與象傳，分配到各卦的卦辭與爻辭，以作為「彖曰」、「象曰」；上博簡《周易》方面，則全然未見該方面的分配。蓋將彖傳與象傳分配於各卦之卦辭與爻辭的體裁，乃始自西漢費直的「費氏易」，故戰國時期之文本的上博簡《周易》中未見此種體裁，實乃理所當然之事。一九七三年自湖南省長沙之馬王堆西漢墓出土的帛書《周易》中，亦無此分配彖傳、象傳於卦辭、爻辭的體裁。

　　被展示的《周易》，有一本乃豫卦之一部分；與另一本則是大畜卦之一部分。各個竹簡中，自簡頭開始便記有卦畫、卦名、卦辭、爻辭，而令人驚訝的是：竹簡上所記的卦畫、卦名、卦辭、爻辭，幾乎與傳世的《周易》一致。細部方面雖可見文字上的異同，但此點並不妨礙吾人將其視為是在同一文本中的差異範圍之內。[3]

　　有關上博簡的抄寫年代，若照上海博物館的區分而言，當在戰

---

　　[2] 關於此點之詳細情形，請參閱拙稿〈《春秋》の成立時期——平勢說の再檢討〉（《中國研究集刊》第 29 號，二〇〇一年）。

　　[3] 此點之詳細情形，請參閱拙稿〈戰國楚簡《周易》について〉（《中國研究集刊》第 29 號，二〇〇一年）。另外，根據注 1 所舉馬承源書之序文，上博簡《周易》當中，約相當於全書一半的三十五卦這部分的竹簡仍存在。

國晚期（公元前四世紀中葉～公元前二二一年），更詳細的推定，則是在公元前二七八年以前，公元前三〇〇年左右被抄寫而成。此種事實訴說著《周易》的卦畫、卦名、卦辭、爻辭，自戰國前期（公元前四〇三～公元前三四三年）已然以一定的形式被傳承下來的這一實情。而若吾人考慮到《國語》或《春秋左氏傳》中，援用《周易》筮占的記載散見這點，則其來歷應比戰國前期更爲古遠，甚至有可能追溯到春秋時代（公元前七七〇～公元前四〇三年），進而到西周末年。

　　此種《周易》來歷之古遠，若將之與上述〈六德〉與〈語叢一〉的記載整合思考的話，則《周易》自春秋末年到戰國前期開頭已然成爲儒家經典的可能性相當高。而在自馬王堆西漢墓出土的帛書《周易》中，則附有所謂〈二三子問〉、〈繫辭〉、〈易贊〉、〈要〉、〈繆和〉、〈昭力〉等傳。如是，此種附錄記載孔子解說《周易》經文之形式的傳這一現象，表示了藉由傳的著作，將《易經》與孔子和儒家相連結的經營，自戰國時期開始已有確實的進展。

　　出土帛書《周易》的馬王堆三號漢墓，其建造時期被推定是在公元前一六八年，即西漢文帝的前元十二年。因此帛書《周易》的抄寫年代，當在漢帝國成立後不久的高祖、惠帝時期。而其文本原來就不會是原著，故其原著的成書時期，不得不往前推到比高祖、惠帝時期早數十年，乃至上溯到之前一百數十年。於是，帛書易傳的成立時期，恐在戰國中期（公元前三四二～公元前二八二年）或戰國後期（公元前二八一～公元前二二一年）。此點亦可作爲儒家將《易經》視爲經典的時期，可大幅度的上溯到秦或漢初之佐證。

　　又近藤浩之於〈從出土資料看《周易》的形成〉（漢城 98 國際周易學術會議論文集《21 世紀與周易》，一九九八年）一文中，主張

卦名於戰國中期以前尚未存在的說法。進而於〈包山楚簡卜筮祭禱記錄與郭店楚簡中的《易》〉（武漢大學中國文化研究院編《《人文論叢》特集　郭店楚簡國際學術研討會論文集》，湖北人民出版社，二〇〇〇年）一文中，近藤浩之提示了所謂：《周易》之卦辭與爻辭開始固定化是在戰國中期末年以降到戰國最末期之間，急速固定化的見解。

　　其中，對於卦名於戰國中期以前尚未存在的近藤浩之的結論，廖名春於〈上海博物館藏《周易》管窺〉（《新出楚簡試論》，台灣古籍出版有限公司，二〇〇一年五月）一文中，則指出藉由上博簡《周易》的發現，近藤浩之此種說法完全不可能成立。同時廖名春亦明白指出近藤浩之所謂卦辭和爻辭開始固定化是在戰國中期末年以降到戰國最末期之間的結論，由上博簡《周易》的內容來看，亦絕對無法成立。

　　蓋近藤氏專以自湖北省荊門市包山二號墓（公元前三一六年下葬）出土的〈卜筮祭禱記錄〉爲論證依據，以建構己說，然〈卜筮祭禱記錄〉原本就是記錄有關墓主個人家庭卜筮和祭禱的選錄，並非《周易》文本本身。因爲卜筮者只記錄自己業務上必要的事件，無須一絲不苟地一一抄寫卦名和卦辭、爻辭。因此，以其遺留下來的狀態爲論述依據，而直接導引出上述的結論，根本就不合理。

　　另外附帶一提的是：筮占者並非始終忠實地依照《周易》文本以斷占筮。吾人亦可充分想像得到：貞人可能部分脫離《周易》文本這部說明書，而加入其獨自的操作。所以，各種筮占的記錄，即便其非如《周易》文本，此亦無法作爲卦辭與爻辭尚未固定化的直接證據。

　　以上論述了戰國楚簡和「六經」之關連，除此之外，接著筆者

試圖考察其他若干問題。無論是郭店楚簡或上博簡，說到現行本，兩者皆包含了與《禮記‧緇衣篇》重複的文獻。郭店楚簡〈緇衣〉和上博簡〈緇衣〉，與傳世的《禮記‧緇衣篇》之間，存在著相當大的差異。如後者以所謂：「子言之曰：為上易事也；為下易知也，則刑不煩矣。」之文為起始；然前者方面，此文並不存在。

又後者有以「子曰：小人溺於水」為始，以「自周有終，相亦惟終」為終之文；但前者方面卻無此文。除此之外，兩者之間，亦可見到諸如章次順序調換等相當出入的差異。由此情況判斷，大致看來可以說：郭店楚簡〈緇衣〉與上博簡〈緇衣〉乃屬同一系統的文本。此種戰國楚簡中包含〈緇衣〉的這一事實，又給歷來的古代中國思想史研究帶來何種影響？武內義雄於《易と中庸の研究》一書中，推定《禮記》之〈坊記〉、〈中庸〉、〈表記〉、〈緇衣〉四篇，本是〈子思子〉之一部分，乃子思學派之著作。在此之上，武內的說法中也將〈中庸篇〉二分為以「中庸」為主題的前半部（「中庸本書」），和以「誠」為主題的後半部（「中庸說」），而提示了「中庸本書」（戰國前期）──〈表記〉、〈坊記〉、〈緇衣〉三篇（戰國末‧秦初）──「中庸說」（秦始皇統一後）的這一成書圖表形式。

但是，藉由郭店楚簡〈緇衣〉和上博簡〈緇衣〉的發現，武內論說的圖表形式中之第二部分完全破敗。因為〈緇衣〉最遲在戰國前期（公元前四○三～公元前三四三年）已然成立一事，明白不過。若如是，則武內論說的圖表形式，其全體必然無法成立。

武內的論說乃基於上述的圖表形式，一面從其與儒家視《易經》為經典的時期之間的關係，而來論究見於《易傳》中的儒家開始形而上式思索的時期，是戰國末到秦始皇時，但此種結論到了今日亦

必須說其乃不可能成立。[4]

　　以上，筆者論述了戰國楚簡是如何迫使吾人再次檢討從前之古代中國思想史研究之一端。蓋在所謂戰國楚簡相繼發現的這一新情勢的基礎上，吾人確實有必要從根本上，重新檢討截至目前為止的古代中國思想史之研究。

　　話雖如此，吾人亦可看到我國學界中人，對中國之考古學者的見解提出其疑問，而將郭店一號楚墓的建造時期，往下斷定到戰國最末或楚漢抗爭時期的此種動向。而由於中國考古學者所謂郭店一號楚墓的建造時期，是在公元前三〇〇年左右的這項結論，原本就留有蘊含著不可謂之萬全的可能性，故今後亦有為之作檢証之必要。

　　惟在批判中國方面考古學的見解時，不宜依據所謂思想史之編年等怪異的尺度，而宜立足於獨自的考古學式的調查，乃至考古學式的再檢証的基礎上來從事之。若不按此步驟，以致未提示絲毫的考古學之論據，只是一味圖符合自己的方便而往後推斷下葬年代，此種試圖維護錯誤己說的姑息態度，不惟是一非學術性的態度，更是誤導學界，或恐將成為阻礙今後發展出土資料之研究的毒害。

　　又即使對上述此動向另當別論，我國古代中國思想史之研究，包括所謂自稱是「釋古派」者，因為長久以來皆受到疑古派強烈的影響，所以即便其面臨了戰國楚簡相繼發現的新局面，亦可見其不肯驟然離開歷來之範疇領域而躊躇。確實，自清朝考証學所使用而來的文獻學、目錄學等常識，在漢籍的文本上，除了自敦煌莫高窟發現的六朝、唐代之抄本等特殊例外情形以外，並無法上溯到比北

---

　　[4] 此點之詳細情形，請參閱拙稿〈戰國楚簡〈緇衣〉の思想史的意義〉（《集刊東洋學》第86號，二〇〇一年）。

宋版本更古老的版本。然而推定爲抄寫於戰國中期（公元前三四二
～公元前二八二年）的戰國楚簡之文本，乃幾乎是與孟子或莊子同
時期的文本，顯然是比荀子和韓非子之活動時期還要更古遠的文本。

　　可以直接使用戰國時期的文本，來研究古代中國思想史的這一
情形，到十年前爲止，還是一無法想像的局勢，所以長年熟悉習慣
清朝考証學之方法的研究者，會產生困惑猶疑，在某種意義上，亦
可稱之理所當然。然戰國期文本的發現，吾人亦可想像得到：其以
湖北省江陵一帶爲中心，今後亦將陸續被發現。是故吾人當不可始
終陷於躊躇之中，在一面反省截至目前爲止的方法論當中，何處潛
藏著何種缺陷的同時，亦必須對新局勢有所對應處理。

　　若舉武內義雄之論說爲例，武內認爲：《孟子》書中全未言及《易
經》；《荀子》書中則有若干言及《易經》者，這是因言及《易經》
之篇章，乃成於後學之手，而被視爲是荀子本人之著作的部分，則
未見有《易經》出現。由此論據，武內義雄導出所謂孔子和孟子、
荀子的時代，《易經》尚未被經典化，是在秦始皇焚書以後，子思後
學才在五經之學問中，增加《易經》一經的此種結論。

　　誠然，武內義雄此說乍見之下，可謂合理之推論。但是若吾人
立足於戰國楚簡被發現的今日情勢，而對之重新加以考察的話，便
可見其中缺點。因爲孟子始終被自己所關心的議題吸引而對之進行
思索、並倡導相關言論。故《孟子》書中，當然不可能客觀網羅記
錄與其同時代的思想界全貌。所以只因未見《孟子》書中有所提及
這一現象，便直接推理在孟子的時代，不存在有將《易經》視爲儒
家經典的事實，實有其危險性。關於此點，在《荀子》方面亦完全
相同。

　　蓋欲論證「有過」什麼，即便只能列舉出一例「有過」的論證，

則論證便可成立。相對於此，欲論證「沒有過」什麼，除非可以提示無論何處皆「沒有過」的證據，否則論證無法成立。如是，證明「有過」與證明「沒有過」之間，畢竟存在著形式上的強弱差異。吾人必須銘記在心的是：欲證明「沒有過」什麼，要比欲證明「有過」什麼來得格外困難。

　　而且關於此一問題，吾人必須牢記在心的一點是：由於秦始皇焚書，先秦典籍因此多所亡佚，吾人僅能見到免於湮滅的文獻這一制約。而既然有關先秦之思想、學術的資料消息已消失大半，在好不容易殘留下來有限的文獻範圍中，去論述「沒有」何者，以判斷當時完全「沒有過」此何者，這終究相當危險。

　　接下來筆者試圖考察有關思想之間之影響關係的論證方法。蓋若有兩種思想上的相似之物，關於究竟是何者影響何者？此問題常成為議論的對象。然而若提示兩者之時代差異和兩者之關係的周邊資訊並不存在，卻一味地想由其思想內容來推敲之，則吾人必須多方設想有可能是：A 影響了 B；或是 B 影響了 A；或是 A 和 B 同時受到其共通思想原型的影響；甚或 A 和 B 之間並不存在影響關係，只是偶然相似等情況。

　　現在簡單來說，姑且立足於思想上相似的兩者之間存在著影響關係這一前提，試圖檢討論證方法。思想上相似的兩者之中，一為連著者皆不知曉為誰的戰國楚簡中之文獻；另一方面則為所謂《孟子》或《荀子》這類著名的文獻，則研究者通常被知名度所牽制，而表現出傾向將兩者之間的關係理解為是：著者不詳的文獻，是受到著名思想家之著作所影響。

　　在分析馬王堆漢墓帛書〈五行〉和郭店楚簡之儒家系統之文獻時，無論如何皆將之強辯為是受到《荀子》影響的風潮等情形，便

是上述所謂受知名度牽制的結果。但是，作爲理論上的可能性，當然留有無名文獻影響著名文獻的可能性。

　　況且在說明所謂郭店楚簡之儒家系統之文獻，受到較其晚半世紀的《荀子》所影響時，由於物理上並不能成立，若說在郭店楚簡之儒家系統之文獻與《荀子》之間，無論如何皆要看出兩者之間的強烈影響關係的話，當然只能往所謂郭店楚簡之儒家系統之文獻，影響了《荀子》的這一方面設想。

　　而對於馬王堆漢墓帛書〈五行〉之成立時期這一問題，或有指其可看出受到《荀子》之影響等指摘，或說其成書於戰國最末期；或說其成書於秦始皇時；最後還有盛行所謂其成書於漢代者[5]，然根據郭店楚簡中亦含有〈五行〉一事，上述諸說立刻不攻自破。誠所謂：「殷鑑不遠」，吾人當記取此失敗前例爲教訓，必須在反省歷來之方法論之上，重新建構古代中國思想史研究。

---

[5] 池田知久《馬王堆漢墓帛書五行篇研究》（汲古書院，一九九三年）。

第二部分

郭店楚簡思想的探討

第二章

〈太一生水〉與《老子》之「道」

一

　　1993 年冬，湖北省荊門市郭店一號楚墓出土了 800 餘枚竹簡，其中 730 枚竹簡載有文字。郭店一號楚墓位於春秋、戰國時期楚國都城郢（紀南城）近郊的楚國貴族墓地群中，而這批竹簡上的書寫文字屬於所謂先秦古文楚系文字。儘管隨葬品中沒有發現判定墓主和下葬年代的特別線索，但是中國學者依據隨葬品樣式變化編年情況，推定該墓約營造於戰國中期（公元前 342～公元前 282 年）的後半、即公元前 300 年左右[1]。出土的隨葬品中，還發現了刻有「東宮之師」的耳杯，學者們多據此以爲墓主很有可能是楚國太子的老師。此外，隨葬品中還有兩根君主賜給年長者的鳩杖，據此推測墓主去世時應當超過七十高齡[2]。

---

[1] 發掘調查結果見湖北省荊門市博物館《荊門郭店一號楚墓》（《文物》1997年第七期）。該文推定營造時期為「公元前四世紀中期至前三世紀初」，而崔仁義〈荊門楚墓出土的竹簡《老子》初探〉（《荊門社會科學》1997 年第五期）則通過與包山楚墓出土隨葬品的比較，推定為「公元前 300 年」。

[2] 見劉宗漢〈有關荊門郭店一號楚墓的兩個問題——墓主人的身份與儒道兼習〉（《中國哲學》第二十輯，1999 年）。

　　中國學者對一號楚墓營造於公元前 300 年的推斷，建立在從隨葬品能夠確認營造於前 316 年的包山二號楚墓，以及周邊眾多楚墓中出土隨葬品的比較分析結果之上。這種推斷建立在資料豐富的考古學編年之上，應當是不刊之論。

　　經荊州市博物館和荊門市博物館研究學者的解讀、整理，《郭店楚墓竹簡》一書於 1998 年 5 月由文物出版社出版發行。書中收錄了竹簡照片和相關釋文。整理著依據竹簡形狀、文字書體以及內容差異等，將楚簡整理、編訂為以下十六種文獻：

　　1、《老子》甲、乙、丙；2、〈太一生水〉；3、〈緇衣〉；4、〈魯穆公問子思〉；5、〈窮達以時〉；6、〈五行〉；7、〈唐虞之道〉；8、〈忠信之道〉；9、〈成之聞之〉；10、〈尊德義〉；11、〈性自命出〉；12、〈六德〉；13、〈語叢〉一；14、〈語叢二〉；15、〈語叢三〉；16、〈語叢四〉

這其中，1 和 2 是道家著作，3 至 12 十篇是儒家著作，而 13 至 16 則是曾經擔任過東宮之師的墓主教育太子用編寫的格言集。

　　本文將就郭店楚簡中〈太一生水〉，特別是〈太一生水〉與《老子》中道的關係進行相關考察研究。

二

　　在討論〈太一生水〉之前，本節首先要考察一下甲、乙、丙三個簡本《老子》的情況。這三種《老子》寫本都是墓主生前已即備的書籍。依上述前 300 年的說法，而墓主又超過七十高齡、並曾擔任楚國東宮之師，因而墓主得到〈太一生水〉和《老子》甲、乙、丙三個寫本的具體時間，則要比前 300 年早幾十年。以三十年計，

假定為前 330 年，那麼原著成書當然就更早。

　　一般在原著成書後，幾經轉寫直至寫本流傳，其間需要有相當的時間間隔。而將這一期限不論怎樣縮短，至少需要十年、二十年的時間。依此推理，〈太一生水〉和《老子》的成書時間應當在戰國中期（前 341 年～前 282 年）之初、或者戰國初期（前 403 年～前 343 年）。而《老子》成書，如果考慮到下文敍述的理由，甚至有可能上溯至春秋末期。

　　郭店楚簡《老子》中還有一些重要問題需要研究。1973 年湖南省長沙馬王堆西漢墓出土的甲、乙兩種帛書本《老子》，與現行傳世本相差無幾，完整無缺。而簡本《老子》同現行本 81 章相比，則分量少的多：三本合計不過現行本三分之一略強，僅三十一章。

　　應該如何解釋這種現象？一種觀點認為：當時已經存在同今本相差無幾、完整的《老子》文本，而甲、乙、丙三本不過是抄錄的節本[3]；而另一種觀點認為：當時根本就不存在像今本一樣的《老子》，而這三種簡本《老子》只是今本《老子》在形成過程之中，一種過渡形式的文本[4]。

　　筆者以為，前一種觀點，即竹簡本《老子》應是從全本《老子》中節錄的抄本，比較妥當。假設這三個《老子》並非抄本，而是正在形成過程中的過渡形式文本，那麼三個抄本就必須要有相同的核

---

　　[3] 中國研究學者大多取此觀點。代表論著有陳鼓應〈從郭店楚簡看《老子》尚仁及守中思想〉（《道家文化研究》第十七輯，1999 年）。而渡邊大〈關於郭店老子分組與竹簡排列〉（《中國文化——研究與教育》第 57 號，1999 年）則認為書寫郭店出土的《老子》時代，《老子》已經成形。

　　[4] 池田知久〈作為形成過程中的最古老文本的郭店楚簡《老子》〉（東京大學文學部中國思想文化學研究室，1999 年，後收錄于《郭店楚簡老子研究》，東京大學文學部中國思想文化學研究室，1999 年）

心部分。繼而以最初寫作的核心部分爲中心，經過二次、三次，逐漸增加、補充內容，最終形成今本的形式。假如確實如此，那麼在較早寫本裏，核心部分以外的增補內容就不會很多，而在較晚寫本中則應當有較多的增補內容。事實是這三個文本完全沒有上述情況。

這三個文本中所見共同的部分是甲本和丙本都有今本《老子》的第六十四章，且僅此一例而已[5]。換言之，三本之間所謂《老子》原始部分的共同之處，根本就不存在。因此，這種所謂三個文本是形成過程中文本的解釋，是不能成立的。

再設想另一種幾個部分完成之後再組合的作法，即《老子》有沒有可能也是先由幾個不同的部分分別完成之後，最後合併組合而成的，那麼，這三個文本是否可以看作這樣不同的部分？如果各部分的作者是同一人，這種方法就毫無必要；而如果是多人甚至一個團體各自寫作不同部分，就必然會失去統一主旨，難免在思想內容的整合性上有所欠缺，造成各自爲營的分裂局面。這種組合甚至連最終拼合的主體都不存在。所以，這種可能性也是不存在的。

依此推理，那種將郭店竹簡《老子》視作形成過程中的三種文本的解釋，是根本不能成立的。

如上所述，我們不得不認爲郭店《老子》是由三種抄本而組成。抄寫者從已經存在的完整《老子》中，按照各自不同意圖，抄錄了某些部分。另外，就在甲本和丙本相同的部分，也存在相當的文字異同。所以，不能認爲這三個抄本是抄錄自同一個文本，至少甲本和丙本是從兩個不同系統的文本中分別抄錄的。

---

[5] 實際甲本與丙本並非收錄了六十四章全部內容，兩者相同的是今本從「爲者敗之，執者失之」至「以輔萬物之自然而不敢爲」的後半部分。

　　這種情況說明前 300 年之前，至遲在前 330 年前後，已經有幾種《老子》文本在廣泛流傳。如前所述，原著形成幾經傳抄，直至最後廣泛傳播，其間有相當的時間間隔。依此推斷，《老子》的成書年代，就要比墓主得到《老子》抄本時期再回溯幾十年。所以《老子》極有可能在戰國初期就已經成書。而由於時間間隔演算法不同，甚至可以認為春秋末期就已經成書。

　　如此一來，關於《老子》的成書年代，就比此前的舊說有了大幅度的前移。關於這一點，郭店楚墓出土的〈語叢〉篇中也有印證。〈語叢〉分為一、二、三、四篇。通觀全篇內容，其中關於儒家思想的文句佔了很大的比重，如「知己而後知人，知人而後知禮，知禮而後知行」（〈語叢一〉）、「義，德之肇也」（〈語叢三〉）；此外，也可見關於「六經」的記述，如「易所以會天道人道也」、「詩所以會古今之志也者」、「春秋所以會古今之事也」（〈語叢一〉）[6]。

　　另外，也有類似郭店楚簡〈窮達以時〉中「天人之分」思想的文句：「知天所為，知人所為，然後知道，知道然後知命」（〈語叢一〉）、「知命者亡望」（〈語叢二〉）。

　　其中還有「亡物不物，皆至焉，而亡非己取之者」（〈語叢一〉）[7]——與慎到思想近似的句子，還散見有與道家思想相關的句子，如「察天道以化民氣」（同上）。更有「邦有巨雄，必先與之以為朋」、「雖勇力聞於邦，不如材。金玉盈室，不如謀，眾強甚多，不如時。

---

[6] 以下所引〈語叢〉及〈太一生水〉依荊門市博物館《郭店楚墓竹簡》（文物出版社，1998 年）收錄裘錫圭氏釋文，文中異體字盡改作通用字體。另據張光裕主編《郭店楚簡研究第一卷文字編》（藝文印書館，1999 年）及己見所至，對裘錫圭氏釋文間有改動，省文不注。

[7] 「是以大君，因民之能為資，盡包而畜之，無能去取焉。」（《慎子·民雜》）

故謀爲可貴」（〈語叢四〉）等，主張對國內的豪族先採取懷柔策略、重視計謀等，旨在論述統治之道的內容。

　　〈語叢〉整體並非某一特定學派思想的統一體。大概這就是所謂楚國「東宮之師」的墓主從各種文獻中萃選出的有益文句，編輯而成的教育太子用的教材。

　　其中還有《老子》風格的文句，如「凡物由亡生」、「有生乎名」（〈語叢一〉）等。前者在〈語叢一〉中兩見。萬物生於「無」的思想，不見於儒家思想，倒像是在《老子》「天下之萬物生於有，有生於無」（《老子·第四十章》）基礎之上產生的[8]，而「有」的世界產生於人類命名行爲這種思想，大約也受到《老子·第一章》中「無名萬物之始也，有名萬物之母也」的影響。

　　〈語叢〉所展示的這樣現象，反映了墓主不僅對儒家思想，同時也對《老子》系統的道家思想有所涉及[9]。同時，這種情況也暗示了：《老子》成書年代比此前舊說要早的多；而《老子》思想業已在戰國中期的知識份子中相當普及。

三

　　承上所述，本節將考察〈太一生水〉的思想[10]。〈太一生水〉前半節中，有如下關於宇宙生成論的論述：

---

　　[8] 以下所引《老子》，依馬王堆漢墓出土帛書本《老子》甲本、乙本，章節順序從河上公本。
　　[9] 參照注2劉氏論文。
　　[10] 關於〈太一生水〉相關研究論文，請參閱注1中《道家文化研究》中所收錄九篇論文。

大（太）一生水＝（水，水）反補（輔）大（太）一，是以
成天＝（天，天）反補（輔）大（太）一，是以成陞（地）。
天陞（地）【復相輔】也，是以成神＝明＝（神明，神明）
復相補（輔）也，是以成會（陰）＝易（陽）＝（陰陽，陰
陽）復相補（輔）也，是以成四＝時＝（四時，四時）復【相】
補（輔）也，是以成倉（滄）＝然（熱）＝（滄熱，滄熱）
復相補（輔）也，是以成溼＝澡（燥）＝（溼燥，溼燥）復
相補（輔）也，成戠（歲）而止。

這裏所論述的是：宇宙根源的太一生水，太一和水生天，太一和天
生地，天和地生神和明，神和明生陰和陽，陰陽生四時，四時生滄
（寒）和熱（暑），滄和熱生濕和燥，濕和燥帶來歲（一年），至此，
生成進程告終。這個進程描述了宇宙的發生到完成過程中，世界分
為若干階段，並以逐階段敍述的形式，展示了一種宇宙生成理論。

　下文則對上文所述進程的方向，反其道而行之，展開論述：

古（故）戠（歲）者，溼澡（燥）所＝（之所）生也－，溼
澡（燥）者倉（滄）然（熱）所＝（之所）生也－，倉（滄）
然（熱）者四時【所＝（之所）生也，四時】者，會（陰）
易（陽）所＝（之所）生【也】－，會（陰）易（陽）者神
明所＝（之所）生也－，神明者，天陞（地）所＝（之所）
生也－，天陞（地）者大（太）一所＝（之所）生也－，

這段文字只是回溯上文所說各個階段，但是其中太一生天地的過程被省略了，而且也沒有涉及與水的關係。

　　後文即開始強調太一的絕對性存在：

> 是古（故）大（太）一礜（藏）于水，行於時-，逜（周）而或【成，以生爲】塄（萬）勿（物）母-。翟（一）块（缺）翟（一）涅（盈），以忌（紀）爲塄（萬）勿（物）經-。此天所＝（之所）不能殺-，陞（地）所＝（之所）不能釐，衾（陰）易（陽）所＝（之所）不能成。君子智（知）此，之胃（謂）……

文中，太一被形容爲「萬物之母」、「萬物之經」，太一變幻自在的運動，爲天地、陰陽等等所不能干涉，彰顯了太一的至高和絕對。此處所云的太一之角色正和「有物混成，先天地生。寂呵寥呵，獨立而不改，可以爲天地母」（《老子·第二十五章》）所形容的《老子》之道相同。

　　在〈太一生水〉的後半部分太一就不見了，取而代之的是天地與道之間關係的主題：

> 天道貴溺（弱），雀（削）成者以益生者，伐於弻（強），責於……下，土也，而胃（謂）之陞（地）。上，燅（氣）也，而胃（謂）之天-，道亦其志（字）也。青（請）昏（問）其名-，以道從事者必悓（託）其名，古（故）事成而身長，聖人之從事也，亦悓（託）其名，古（故）社（功）成而身不剔（傷）-，天陞（地）名志（字）並＝（並立），古（故）

伥（過）其方，不思相【當】。【天不足】於西北，其下高以弸（強）。陞（地）不足於東南，其上【低以弸（強）。】【不足於上】者，又（有）余（餘）於下，不足於下者，又（有）余（餘）於上■。

作者首先提出了天道，這與《老子・第十七章》：「天之道，猶張弓也。高者仰之，下者舉之，有餘者損之，不足者補之」敍述很類似。文章至此突然說起天道，不免有唐突之嫌。推想大概是因爲下文要轉述天地與道之間關係所致。

　接著，作者敍述了天與地之間情況：上升之氣凝聚爲天，下沉之氣積聚爲地。這種對天地所作一種「物質中心」主義的定義，全然不見將天地神格化思想。值得注意的是，緊隨其後的「道亦其字也，請問其名」、「天地名字並立」等，將天地與道同等對待、展開論述。與天道相同，道也是前半部分所不言的，而這裏的突然出現。這裏所係指的道可以說是《老子》之道。

　據作者所說，天地是其（本）名，而道是其字（通稱）。那麼，其實道與天地並無區別，不過是或稱作道，或稱作天地。

　《老子・第二十五章》有「有物混成，先天地生。寂呵寥呵，獨立而不改，可以爲天地母。吾未知其名，字之曰道，吾強爲之名曰天。」以道爲天地之字的思想，可能就是在此處基礎上生髮而來。但是，相對《老子》中將作爲宇宙本體、根源的道優先於天地，〈太一生水〉則是將道和天地同等對待。二者有著很大不同。

　無論是「以道從事者」還是「聖人」，在面對外界時，都「託其名」（以天地爲道之本名），宣稱自己所營構的事業是遵循了天地之規律。也就是說，雖然是遵循道的原則，以成就事業或者明哲保身，

但是他們都只是宣稱是遵循天地之規律才獲得的成功。

〈太一生水〉的作者爲何要將道的本質實體規定爲天地？前面說過，《老子》的道先天地而生，是天地之母，道母而天地子的區別赫然在目。然而〈太一生水〉中將道和天地同等對待，顯然是將道的地位下降了。作者爲了維護在前半部分中所論述、將太一作爲宇宙根源的觀點，因而否定了《老子》中道所具有的至高和絕對，而試圖將道降格爲太一的下位，與天地同等位置，從而附屬於太一。

作者在〈太一生水〉的最後，論述了天地和方位之間的關係。這是基於中國大陸的地理特徵所產生的思想：西北地方朝向山脈，地勢高聳，而東南地區低平向海。因而，西北地方的地有餘而強，天不足而弱，東南地區則是天有餘而強，地不足而弱。

既然天地遠離了各自優勢就不能同對手相抗衡，顯然就不是萬能的絕對；既然作爲道的本質實體的天地有這樣的局限，那麼，道當然就不是萬能的，也不是至高、絕對的存在。

從〈太一生水〉前半部分所述，「天地者，太一之所生也」，太一「天之所不能殺，地之所不能釐」，很明顯，就是將太一處於天地或者道的上位。作者在後半部分則通過將道的本質實體規定爲天地，力圖將《老子》中處於最高位的道降格至第二位，而將太一置於最高位。

四

〈太一生水〉前半部分所述宇宙生成論的進程，全然不見《老子》之道，而是統一於乙太一爲絕對的體系。據此可以判斷，這是和以道作爲絕對的《老子》宇宙生成理論截然不同的思想體系。

　　但是,二者前後關係並不明確:既有可能是太一系統在先,其後出現《老子》中道的系統;也可能是完全相反的順序。但我傾向於認爲在〈太一生水〉寫作時,作者是認識到《老子》之道,並以將太一優先於道的形式,試圖調和這兩個系統。

　　實際上,與此類似的情況也出現在《老子》中。古代中國就有象「昊天上帝,則不我遺,胡不相畏」(《詩經‧大雅‧雲漢》)、「惟皇上帝,降衷于下民」(《書經‧湯誥》)等思想,認爲作爲有意志的人格神的上天、上帝是宇宙絕對神,萬物的創造主,在監視著地上,降臨天命,並主宰人間禍福、吉凶。

　　然而,《老子》曰「道盅而用之又弗盈也,淵呵,似萬物之宗。(中略)象帝之先」(第四章),在這裏將道作爲在上帝之前就已經存在的「萬物之宗」。即《老子》主張上帝並非居於宇宙的最高位,而道居於宇宙的最高位。以此向舊的序列順序提出挑戰,並將上帝降格於道的下位。

　　古代天道思想以上帝、天地、陰陽、四時、日月、星辰等爲構成要素,人類活動則必須遵循這些要素所顯示的法則。而《老子》之道的出現,對於這種思想的衝擊非常大。由於《老子》之道是作爲宇宙第一本體、根源出現的,因此,如何協調由上帝、天地、陰陽、四時、日月、星辰等諸要素所構成的天道與《老子》之道二者之間的關係,就成爲這種融合了《老子》思想的天道思想所面臨的問題。馬王堆帛書出土的《黃帝書》中的〈經法〉、〈十六經〉等篇中所見兩者的關係仍處於整合中,尚未協調,雜然混亂[11]。但是在黃

---

[11] 關於此,請參閱拙著《黃老道の成立と展開》(東京,創文社,1992年)第一部,第七章。

帝書之一的〈道原〉篇中，卻有試圖調整兩者關係的內容：

> 萬物得之以生，百事得之以成。人皆以之，莫知其名，人皆
> 用之，莫見其形。一者其號也，虛其舍也，無爲其素也。和
> 其用也。（中略）獨立不偶，萬物莫之能令。天道陰陽，四
> 時日月，星辰雲氣，蚑行蟯動，戴根之徒，皆取生，道弗爲
> 益少，皆反焉，道弗爲益多。

〈道原〉是通過將天道附屬於《老子》之道的下位，來協調兩者關係的[12]。《老子》之道的出現給予天道思想帶來的衝擊，正如同突如其來的一神教對多神教世界的衝擊。其最終結果是，天道思想大致以〈道原〉的方式，試圖協調兩者的關係。但是，這種整合主要在道家思想範圍內進行，而儒家和墨家思想卻依然延續著將上天、上帝作爲宇宙最高神的思想。而即使在道家思想內部的調整，也仍然殘留著上帝和道的上下關係尚且曖昧不清等問題。

　　西漢前期黃老道思想的流行，帶來了與上帝相應的《老子》之道地位的上升。而試圖排斥黃老道，採用儒家思想的武帝，向鼓吹取黃老道而代之以儒家天人相關思想的董仲舒求教，董氏則回應以明確的將道附屬於天之下位的理論[13]。

　　因而，《老子》之道的出現，圍繞宇宙的絕對地位，扮演了上天、上帝的強有力對手的角色。按照以上思想史的發展歷程，將太一置於至高存在的〈太一生水〉，其意義就顯得極其深遠。隨著〈太一生

---

[12] 關於此，請參閱注 11 中拙著第一部第七章。
[13] 關於此，請參閱前引拙著第三部第十章。

水〉的發現，我們首次知曉，在戰國中期以前，曾有一次試圖同《老子》之道相對抗，而將太一置於最高的思想嘗試。

五

　　在敍述乙太一爲根源，太一連帶天地、神明、陰陽、四時、滄熱、溼燥的宇宙生成論形成的同時，〈太一生水〉作者試圖通過將《老子》之道的本質實體規定爲天地，將道附屬於太一的下位，而將太一置於至高的地位。此後，關於這兩者的上下關係的思想如何落實呢？《莊子・天下》中關於太一有如下記述：

> 以本爲精，以物爲粗，以有積爲不足，澹然獨與神明居。古
> 之道術有在於是者。關尹老聃聞其風而悅之，建之以常無
> 有，主之以太一，以濡弱謙下爲表，以空虛不毀萬物爲實。

這是莊周學派對關尹、老聃學派的批評。其中評論，雖和《老子》整體的特色相一致，但是其中並不見《老子》中將道作爲宇宙的本體和根源的直接體現，相反卻有「主之以太一」的表達。所以《莊子・天下》中太一是作爲道的別稱來使用的。

　　同樣的情況也見於《呂氏春秋・大樂》：「道也者，至精也，不可爲形，不可爲名，彊爲之名，謂之太一」，比《天下》更加明確地將太一作爲道的別稱。那麼，在編纂《呂氏春秋》的戰國末期，將太一作爲道的別稱的認識，已經非常普遍。

　　到了漢代，「太一者，牢籠天地，彈壓山川，含吐陰陽，伸曳四時，紀綱八極，經緯六合」（《淮南子・本經訓》）、「洞同天地，渾

沌爲樸，未造而成物，謂之太一」（同上，《詮言訓》），可見太一作爲《老子》之道的別稱，已經確定下來。

爲什麼會將二者同等對待？以下情況或許是一種可能性解釋。郭店楚簡中竹簡的兩端形狀可分爲齊平和梯形兩類，竹簡的編繩數有兩道和三道兩種。而竹簡的長度也有六至七種。從這些簡的形制方面來看，《老子》甲本（三十九枚），簡長 32.3，兩道編繩，繩間距 13，兩端呈梯形；乙本（十八枚），簡長 30.6，編繩兩道，繩間距 13，兩端齊平；丙本（十四枚）簡長 26.5，編繩兩道，繩間距 10.8；兩端齊平；〈太一生水〉（十四枚），簡長 26，編繩兩道，繩間距 10.8，兩端齊平。丙本和〈太一生水〉完全一致[14]。而兩簡筆跡也當是出自同一人手筆。

由以上可知，《郭店楚墓竹簡》的編者指出，《老子》丙本和〈太一生水〉可能合爲一篇。我們雖不清楚究竟是郭店楚簡抄寫前已有了這樣的形式，還是抄寫時候才採取了這樣的形式，但是，至少《老子》抄本和〈太一生水〉合併的文本形式，戰國時期可能已然通行。

這種形式文本的流布，當然就會產生將《老子》之道和〈太一生水〉的太一同等對待的誤解。或者說，可能不僅僅是誤解，而是在奉仰《老子》的學派內部，將曾經向道發出挑戰的太一理解爲道的別稱，並嘗試著將其吸收到道中來，這種努力最終導致了將兩者同等對待。另外《老子》也有「道生一，一生二，二生三，三生萬物」（第四十二章）、「戴營魄，抱一能毋離乎」（第十章）、「昔之得一者，天得一以清，地得一以寧，神得一以靈」（第三十九章）等將道稱作一的記述，因而將道與太一成爲互通的操作就很容易了。

---

[14] 以上長度單位均爲釐米。

　　其中詳細原委，現階段尚不得而知，但是大致從以上情況可知，在道家思想範圍內，太一作為道的別稱，最終被吸收至道概念當中，而〈太一生水〉作者所作的挑戰，卻未竟其功。

第三章

〈窮達以時〉中的「天人之分」

一

　　1993 年冬，湖北省荆門市郭店一號楚墓出土了 800 餘枚竹簡，其中 730 枚竹簡載有文字。郭店一號楚墓位於春秋、戰國時期楚國都城郢（紀南城）近郊的楚國貴族墓地群中，而這批竹簡上的書寫文字屬於所謂先秦古文楚系文字。隨葬品中沒有發現判定墓主與下葬年代的特別線索。中國學者依據隨葬品形式變化的編年情況，推定該墓約營造於戰國中期（公元前 342～公元前 282 年）的後半，即公元前 300 年左右[1]。出土隨葬品中還發現了刻有「東宮之師」的耳杯，因此，多數學者認爲墓主很有可能是教育楚國太子的老師。此外，隨葬品中還有兩根君主賜給年長者的鳩杖。根據這一發現而推

---

[1] 發掘調查結果見湖北省荆門市博物館，〈荆門郭店一號楚墓〉，《文物》第七期（1997 年）。文中推定營造時期爲「公元前四世紀中期至前三世紀初」。崔仁義，〈荆門楚墓出土的竹簡《老子》初探〉，《荆門社會科學》第五期（1997 年），則通過與包山楚墓出土隨葬品的比較，推定爲「公元前 300 年」。

測墓主去世時已經超過七十高齡。[2]

　　經荆州市博物館和荆門市博物館研究學者的解讀、整理,《郭店楚墓竹簡》一書於 1998 年 5 月由文物出版社出版發行。書中收錄了竹簡照片和相關釋文。整理者依據竹簡形狀、文字書體以及內容等差異,將楚簡整理、編訂爲以下十六種文獻:

> (1)《老子》甲、乙、丙;(2)〈太一生水〉;(3)〈緇衣〉;
> (4)〈魯穆公問子思〉;(5)〈窮達以時〉;(6)〈五行〉;(7)
> 〈唐虞之道〉;(8)〈忠信之道〉;(9)〈成之聞之〉;(10)〈尊
> 德義〉;(11)〈性自命出〉;(12)〈六德〉;(13)〈語叢〉一;
> (14)〈語叢二〉;(15)〈語叢三〉;(16)〈語叢四〉

其中,1 和 2 是道家著作,3 至 12 等十篇是儒家著作,13 至 16 則是曾經擔任過東宮之師的墓主爲教育太子所編寫的格言集,其中,(1)《老子》甲、乙、丙本分別是《老子》的三種不同抄本。

　　本文擬就郭店楚簡〈窮達以時〉篇中所見「天人之分」的思想進行相關的考察研究。

二

　　〈窮達以時〉中的「有天有人,天人有分。察天人之分,而知

---

[2] 見劉宗漢《有關荊門郭店一號楚墓的兩個問題——墓主人的身份與儒道兼習》(《中國哲學》第二十輯,1999 年)a

所行矣。」揭示了「天人之分」的思想[3]。一般認爲，「天人之分」的思想乃由戰國後期（公元前 281 年～公元前 221 年）主張「明於天人之分，則可謂至人矣。」（《荀子・天論》）的荀子所獨創。然而，營造於公元前 300 年左右的郭店一號楚墓中〈窮達以時〉的發現，顛覆了此一思想史上的常識－－早在荀子之前，「天人之分」的思想就已經赫然存在。

但是，池田知久等學者仍然堅持「天人之分」是荀子的創見，〈窮達以時〉則是受到了《荀子・天論》的影響[4]。考慮到二者的先後關係在思想史上絕非可以等閒視之的小問題，本文將首先就此作考察。

關於郭店一號楚墓所在楚國墓葬群，《史記》有如下記載：

> 其明年攻楚，拔郢，燒夷陵。遂東至竟陵。楚王亡去郢，東走徙陳。秦以郢爲南郡。（《史記・白起王翦列傳》）

中國學者根據《史記》記述，認爲公元前 278 年秦將白起佔領楚國都郢（紀南城）之後，楚國貴族集團放棄了紀南城，遷都至位於其東北的陳，同時放棄了紀南城周邊的墓葬群，此後再也沒有在這裏

---

[3] 以下所引〈窮達以時〉，依據荊門市博物館，《郭店楚墓竹簡》（文物出版社，1998 年）所收錄裘錫圭釋文，文中異體字盡改作通行體。另據張光裕主編，《郭店楚簡研究（第一卷・文字編）》（中文出版社，1999 年）和池田知久監修，《郭店楚簡研究（一）》（大東文化大學郭店楚簡研究班，1999 年）以及私見所出，對裘錫圭釋文間有改動，省文不注。

[4] 見注 3 所引《郭店楚簡研究（一）》序文及池田知久，《郭店楚簡老子研究》（東京：東京大學文學部中國思想文化學研究室，1999 年）的前言。

營造過貴族墓地[5]。照此歷史原委，一號楚墓的營造時間下限，至遲應在公元前278年。任何將下葬時間再往後延遲的企圖，都是徒勞。

　　池田氏雖然也承認這一史實，認爲下葬時期以「離公元前278年最近的時期爲宜。」但是另一方面，他在這句話之後又插入了「或許比278年還要晚。」一句。

　　池田氏否認中國學者關於該墓營造於公元前300年左右的見解，試圖將營造時間推遲至離公元前278年非常接近的年代：即企圖在可能的範圍內，選擇楚墓最遲的營造時間。然而「或許比278年還要晚。」這種推論卻又放棄了將楚墓能否營造作爲判斷的標準。就這個墓地營造時間推理的討論，池田氏一面使用在現實條件下，可能範圍內的選擇作爲基準，一面又完全無視這種基準進行判斷，然後再來主張兩觀點似乎成立，這種雙重標準自然難免自相矛盾。尤其，若採用後者的推測究竟要將年代的下限推到何時，其底限也無從知曉。

　　那麼，池田氏爲何要做這種毫無道理的推論？原因就在於：若要堅持〈窮達以時〉是受到《荀子・天論》的「天人之分」和《荀子・性惡》的「性僞之分」的思想之影響，就一定要將〈窮達以時〉的成立年代放在《荀子・天論》和〈性惡〉的成立之後。

　　池田氏介紹了內山俊彥和錢穆二人關於荀子生平年代的考證之後，放棄了內山氏的說法。內山氏認爲，荀子公元前314年生於趙國，公元前264年時年五十左右前往稷下，公元前233年歿於楚國蘭陵。池田氏主張與此不相吻合，因此池田氏採用了錢穆編年說，力圖堅持荀子在先，〈窮達以時〉在後的先後關係。事實是否的確如

---

　　[5] 見注1所引崔仁義論文。

此？

　　如上所述，一號楚墓的營造時期不得晚於公元前 278 年，一定要將年代往後延遲，只能以公元前 280 年前後爲界限。身爲東宮之師、七十以上高齡的墓主，從生前獲得這篇〈窮達以時〉，直至將其隨葬，其間至少經過三十年時間。因此，隨葬出土的〈窮達以時〉竹簡很有可能在公元前 310 年左右就已經書寫成篇。考慮到出土簡本只是幾經傳抄的眾多寫本中的一個版本，並非原著，原著成書就應當比公元前 310 年更早。假設將這一傳抄時間盡可能縮短，以十年計，那麼原著成書年代至遲也應當在公元前 320 年左右。而《荀子·天論》和〈性惡〉要對其有所影響，則上述兩篇成書又應當再往前至少上溯十年時間。

　　根據錢穆《先秦諸子繫年》考證，荀子於公元前 340 年生於趙國，公元前 326 年左右十五歲左右前往稷下，公元前 247 年至 245 年左右以超過九十高齡故去。將此編年與前揭推測合併觀之，就會得到如下結論：荀子前往稷下之前，大約十歲左右就已經撰寫了〈天論〉和〈性惡〉。顯然這是不可能的。又按照錢穆說，公元前 300 年左右，荀子時年約四十。假定荀子撰寫〈天論〉和〈性惡〉是在此時，那麼距離郭店一號楚墓最晚營造時間的公元前 280 年，不過二十年時間。短短二十年時間，荀子在齊國稷下著述〈天論〉和〈性惡〉，接著寫本流傳；受其影響，〈窮達以時〉撰述形成，並得以流傳，後爲楚人墓主所得，再隨同下葬。事件如此緊湊，似乎過於不自然。

　　如此，即使將郭店一號楚墓營造時期推到最晚，同時也採用了

荀子活動時期最早的錢穆的見解[6]，《荀子‧天論》和〈性惡〉成書在前、〈窮達以時〉在後的看法還是不能成立。

如此，我們便可以了解池田氏為什麼一定要加「或許比 278 年還要晚」的文字。然而，池田氏完全沒有說明公元前 278 年白起拔郢，焚燒埋葬楚國先王的夷陵，此地區遂為秦國控制，並改設南郡，而此後在這片墓葬群中為何還能繼續營造楚墓。

中國學者對一號楚墓營造於公元前 300 年的推論，建立在從隨葬品能夠確認其營造於公元前 316 年的包山二號楚墓，以及周邊眾多楚墓中出土隨葬品的整理分析結果之上。這種結論是基於資料豐富的考古學編年所得，是十分確定的。

依公元前 300 年的說法，又考慮到墓主死時已經超過七十，那麼，墓主得到〈窮達以時〉竹簡的年代就必須上溯數十年左右。假定是三十年，即公元前 330 年左右，原著成書年代當然就更早。而一般情況下，成書之後，幾經轉抄，直至寫本流布，還需要相當的時間，最少也要往上再追溯十年或二十年時間。因此〈窮達以時〉的成書年代就應當在戰國中期（公元前 342 年～公元前 282 年）偏早或者戰國早期（公元前 403 年～公元前 343 年）。而根據時間幅度差異計算不同，不能否認有早至春秋末期的可能性。

---

[6] 注 4 所引《郭店楚簡老子研究》一書認為，〈窮達以時〉是荀子學派的文獻，是從典型的「天人之分」變化而來、年代稍晚的文獻，但比似是荀子後學雜錄而成的〈宥坐〉成書時間要早。

三

　　由以上考察，筆者認爲〈窮達以時〉應當是在《荀子》之前的著作。那麼〈窮達以時〉中所說「天人之分」的思想之特色何在？〈窮達以時〉起首如下文所示：

> 又（有）天又（有）人，天人又（有）分。訧（察）天人之分，而智（知）所行矣。又（有）其人，亡其殜（世），唯（雖）臤（賢）弗行矣。句（苟）又（有）其殜（世），可（何）懂〈懥（難）〉之又（有）才（哉）。

上文說：世界之中天人並存，兩者領域各別；明察二者之別，就能知曉人之所當爲。而此處所指天人之別，具體所指又是什麼？下文給予了答覆：即使是賢者，倘若沒有時運，就只能埋沒終生；若適逢時勢，就可以發揮自己的才能，暢通無阻。

　　〈窮達以時〉中的「人」，雖然有擴大解釋爲普通人的可能性，但至少在此處，似是指身懷卓越才能的賢者。而此處的「天」和下文的「世」也有著密切的關係：所謂「世」就是指賢者所處的時代、時世、時勢。

　　「天」和「世」之間又有著什麼樣的關係？要回答這個問題，有必要先看看〈窮達以時〉的作者如何描述歷史人物。

> 舜〔耕〕於帚（歷）山，匋（陶）笞（拍）於河匩【滸】，立而爲天子，堣（遇）先（堯）也。邵繇衣胎蓋冒（帽）絰（絰）髲（冡）懂（巾），戁（擇）板管（築）而差（佐）

天子，塙（遇）武丁也。邵（呂）室（望）爲牂棻澫，戰監
門棻隌（地），行年七十而腊（屠）牛於朝訶（歌），譽（舉）
而爲天子帀（師），塙（遇）周文也。完（管）寺（夷）虘
（吾）笱（拘）繇弃縛，敤（擇）杕（桎）櫨（梏），而爲
者（諸）侯相，塙（遇）齊逗（桓）也。白（百）里迵遄（饋）
五羊，爲故鼗牛，敤（擇）板桎而爲晋（朝）卿，塙（遇）
秦穆。孫雷（叔）三躱邞（懼）思少司馬，出而爲命（令）
尹，塙（遇）楚臧（莊）也。

正如引文所述，與「苟有其世，何難之有哉。」相對應，〈窮達以時〉
文中列舉了（1）堯任命舜、（2）武丁任用邵棻、（3）周文王任用呂
尚、（4）齊桓公任用管仲、（5）秦穆公任用百里奚、以及（6）楚莊
王任用孫叔敖等六個例子。

　　然後，作者在下文作了「遇、不遇，天也」的總結。即，身懷
才能的賢者能否爲君主所發現、選拔、任用，能否得以在政界活躍
的決定權在於「天」。〈窮達以時〉中「人」、「世」、「天」三者之間
的關係是：「人（賢者）能否遭遇世（時世）取決於天（天命）。」

　　賢者如果能夠明察這樣的「天人之分」，應當有什麼樣的作爲？
回答這個問題之前，作者就遇、不遇與才能之間的關係作了如下論
述：

初滔醢，後名易（揚），非其惠（德）加。子疋（胥）前多
社（功），後翏（戮）死，非其智懷（衰）也。驥（驥）馰
張山騹空於邵棻，非亡䠔（體）壯（狀）也。穹（窮）四洖
（海），至千里，塙（遇）告〔造〕古（故）也。

相比鬱鬱不得志的前半生和此後受到提拔任用、在政壇活躍的後半生，此前所列舉的六個賢人的德行並沒有增加。伍子胥爲吳王闔廬任用，屢建功勳，其後卻被吳王夫差刑戮致死，並不是他的智謀衰退所致；而驥、騄雖然已經具有名馬的體態形狀，卻只能在深山之間逡巡徘徊、停滯不前，而爲造父發現之後，才能成爲日行千里的良馬。

　　作者強調了無論遇或是不遇，自身所具備的能力是始終不會改變。自己所具備的能力固定不變，但是天所決定的遇或不遇所導致榮達與困窮的落差卻如此巨大，身懷才能的賢人又該如何面對？作者終於在下文提示答案所在：

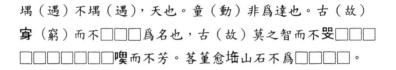

賢人的遇或不遇，是屬於天的領域，非人爲所能及；而賢人的才能是屬於人的領域，也非天決定的遇或不遇所能左右或增減。賢人的行爲和修養，本身並不是爲了榮達或名聲這樣功利性的動機。因此，儘管天給予不遇的命運，但是天還是天，人還是人，沒有必要怨天尤人，應當仍然繼續朝向人的領域中的自我修養邁進。這就是作者所提示的結論，而「察天人之分，而知所行矣。」一句所指的，正是這樣的自我覺悟和認識。

　　作者在下文重複了與此相同的結論。由於竹簡殘缺，文意不能完全連貫，下文僅就可能範圍內進行釋讀。

善怀呂（己）也。穿（窮）達以眚（時），惪（德）行弍（一）也。舉（譽）𡉉（毀）才（在）仿（旁），聖（聽？）之弋母之白，不堇（厘）。

引文的作者認爲，判斷善、不善的價值標準並不在外部，而是在自身。窮或達雖然由天時所左右，但自身德行並不爲窮或達所影響。外部所附加的毀譽褒貶，既然不是自己目標所在，那麼即使受到誹謗排斥，也應當忍受，而不該爲了讚譽的榮達之道，失去自己的氣節操守。〈窮達以時〉也說：

穿（窮）達以（時），𥬇（幽）明不再。古（故）君子憳於恆（反）呂（己）。

窮或達雖然是天時所決定的，但罷免也罷，提升也罷，都不會使自己的才能有所增減，所以君子不會在意那些外部所給予的毀譽褒貶，或是外部強加的進退舉措，而是傾注熱情以加強自我內在的修養。此處「察天人之分」而「知其所行」的人物稱爲君子。文章中也再一次確認了〈窮達以時〉中出現的「人」，所指的並非普通人，而是特殊的、身懷卓越才能、自得於不遇之境的賢人。

四

〈窮達以時〉中「天人之分」的思想即如上所述。因爲作者應該是針對某種主張然後以提出一種反命題的方式來強調這樣的思想，若我們了解作者試圖在否定什麼，或是我們能夠確認這個被否

定的對象,那麼〈窮達以時〉的思想之特點就十分鮮明了。

　　〈窮達以時〉所否定的對象在內容上與〈窮達以時〉大致相同的傳世文獻中可以看到。《荀子‧宥坐》、《韓詩外傳》卷七、《說苑‧雜言》、《孔子家語‧在厄》等篇中,以孔子答子路問的形式,記載了與〈窮達以時〉相當的內容[7]。而子路對孔子的詰難——久行德義、素行善行卻陷入如此之困境,大致展現了〈窮達以時〉的作者所要否定的對象。

　　所要否定的對象即此類格言:「爲善者,天報之以福;爲不善者,天報之以禍。」(《荀子》、《韓詩外傳》、《孔子家語》)或「凡人爲善者,天報以福;爲不善者,天報以禍。」(《說苑》)等。這些格言反映了上天對於人們行爲的善與不善,所給予相應的福、禍的因果律思想。因爲類似的格言還見於《國語》、《老子》等書,這一類格言應該是在〈窮達以時〉出現之前在世間廣泛流布的思想[8]。因而,〈窮達以時〉就是作爲這類格言所代表的天人相關思想的反命題而出現的。

　　〈窮達以時〉的作者爲何要對這類格言進行反對,其必要性何在?這樣做的動機,大約正如前揭諸書所暗示的:試圖爲孔子不得志的一生進行辯護。

　　孔子一直夢想著爲君主所選拔、任用,能夠在政界一展身手。

---

　　[7] 以上諸書所記孔子言論與〈窮達以時〉的內容大致相同,但均不見「天人之分」的文字。

　　[8] 與此內容相當的格言,還有「天道賞善而罰淫。」(《國語‧周語中》)、「天道無親,常與善人。」(《老子‧第七十九章》)、「先生以鬼神爲明,能爲禍福,爲善者賞之,爲不善者罰之。」(《墨子‧公孟》)等。

然而並沒有君主對只是一介匹夫的孔子加以任用。孔子望穿秋水，始終沒有如願以償，最後忍無可忍，對魯國徹底絕望，不顧五十六歲之齡，帶著門人外出周遊列國，旨在尋求一位能夠任用自己的君主。公元前497年至484年的十四年間，孔子流浪諸國，尋求七十餘君任用，結果卻無一例外，以失敗告終。夢想破碎的孔子以六十九歲高齡，一無所獲地返回魯國。五年後的公元前479年，以七十四歲辭世而去。

假設肯定了人們的行為善與不善會相應地得到上天給予禍福的因果律，承認了這種天人關係的思想，那麼，對於孔子這樣不斷遭受失敗打擊的人生，就會陷入悖論：這是由於上天對於素行不善所給予的災禍。實際上，在《莊子·漁父》和《墨子·非儒》中，都可見到這種將孔子失敗的人生與孔子內心醜惡相聯繫的揶揄式論調。

因而，孔子後學們就提出了與此相反的命題——人們行為的善與不善和天所決定的人生的遇與不遇之間並不存在因果關係。天的領域與人的領域各不相同，拒絕接受前面所述格言中天人相關的思想。而認為儘管鬱鬱不得志，卻並不能因此否定孔子的德行偉大，努力為孔子的人生進行辯護。依此論述，就不難理解〈窮達以時〉中「人」所指的，當然就是那些身懷才能的賢人或是自得于不遇之境的君子，而「天」則具體指向時世，並且作者只以是否為君主所任用為媒介和樞紐討論天人關係之現象。

五

〈窮達以時〉力圖為孔子的人生辯護，闡述「天人之分」，揭示

出天的領域交付給天,而人則應該在屬於人的領域專心致志的結論。同樣是以孔子不得志人生爲背景撰述的〈中庸〉[9],是如何論述天與人的關係呢?

〈中庸〉曰:「在下位不獲乎上,民不可得而治矣。」(第十二章),這段話意謂,無論君子身懷何等卓越才能、冀望在政界獲得一定地位,並積極參與政事,如果不能遇到賞識自己才能、並且加以提拔、任用的君主,就無法施展、發揮自己的爲政才能。君子應當如何面對這樣不得志的人生呢?

世上也有些人,不能忍受這樣不得志的困苦境地,「小人行險以徼倖。」(第十四章),鋌而走險,企圖以僥倖逆轉這樣的命運。然而〈中庸〉將這種作法視爲小人處世所爲,加以排斥。

君子所爲則當「君子素其位而行,不願乎其外。」、「素貧賤行乎貧賤。」、「素患難行乎患難。君子無入而不自得焉。」(第十四章)、「在上位不陵下,在下位不援上。正己而不求於人,則無怨。上不怨天,下不尤人。」(與上同),不將自己的不幸遭遇,責任轉嫁至天或者其他,而在逆境之中採取自得的態度。

〈中庸〉提出了「射有似乎君子。失諸正鵠,反求諸其身。」(第十四章)——「反己」的概念,以作爲「正己不求於人」的方法。認爲不遇的原因不在於外界,應當求諸己身,致力於自身修養。因此〈中庸〉也表現出與〈窮達以時〉中「故君子惇於反己」非常類似的構想。

但另一方面,〈中庸〉同時還有「大德必得其位。」、「天之生物,

---

[9] 此處,請參閱拙文〈未受命之聖人——《中庸》之意圖〉,《集刊東洋學》第六十一號(1989 年)。

必因其材而篤焉。」、「大德者必受命。」（第十七章）——有德君子必然受天之佑護，必然受命成爲天子——因果律思想。即，〈中庸〉裏也存在著與《荀子・宥坐》：「爲善者，天報之以福。」的格言類似的天人相關的思想，並且，仍然加以肯定、強化。

進一步而言，〈中庸〉提出「是故君子動而世爲天下道，行而世爲天下法，言而世爲天下則。」（第二十九章）、「唯天下至聖，爲能聰明睿知，足以有臨也。」（第三十一章）——歷史現實中的君子雖以不得志告終，實際上，他們的行爲和言辭卻成爲永恆的路標和法則，指導天下。

〈中庸〉採用了與「不怨天，不尤人，下學而上達。知我者其天乎？」（《論語・憲問》）相同的路線——認爲自得於不遇之境的君子，也就是孔子，最終受到天的佑護，成爲無冕之王（素王），君臨天下。任何人無法否認孔子失敗人生的歷史現實，而因此「爲善者，天報之以福，爲不善者，天報之以禍」這種因果律，對於孔子的人生是根本無法適用的，是完全無法貫徹至歷史現實之中的。於是〈中庸〉在觀念中超越了歷史現實，將孔子在另一個層面上升到了天的高度。

因此，「正己而不求於人」、「反求諸其身」這種在不得志條件下的應對舉措，以及這種境域下的所爲，都被定位成最終要上升到天的高度的準備階段。換言之，這是一種爲了「上達」——即天肯定自己的真正價值——的「下學」。在肯定了前面格言所揭示的因果律的同時，又爲了挽救孔子失敗的人生，當然就會產生這樣的解決方案。

《孟子》則基本上也採取了與〈中庸〉同樣的立場，簡單敍述如下。《孟子》中關於不遇時所爲，有如下記述：

孟子曰：舜發於畎畝之中，傅說舉於版築之間，膠鬲舉於魚鹽之中，管夷吾舉於士，孫叔敖舉於海，百里奚舉於市。故天將降大任於是人也，必先苦其心志，勞其筋骨，餓其體膚，空乏其身行，拂亂其所為。所以動心忍性，曾益其所不能。（《孟子·告子下》）

孟子與〈窮達以時〉一樣，也列舉了舜、傅說（邵鄒）、膠鬲、管夷吾（管仲）、孫叔敖、百里奚等，其才能為君主賞識，並提拔、任用，擺脫鬱鬱不得志的實例。然後，將他們前半生的不得志，解釋成「曾益其所不能」，即天所給予的考驗。因此，勉勵人們經受天所給予的不遇，積極自我修養，將來一定能夠打開通往天的道路，「天將降大任於是人」，一定會在政界飛黃騰達。

孟子也認為不得志時的作為和努力是最終到來、指向昇華的準備階段。同樣，這也是以上述天人對應關係的因果律為前提。

前面孟子所列舉的六個名人，都是因果律在歷史現實中貫徹的事例。然而就孔子和孟子自身而言，在世間都是鬱鬱不得志、以失敗的人生告終，那麼這些在不得志時的種種所為、努力，最終都將化為烏有？結論當然不是這樣。

因為孟子認為，「自生民以來，未有盛於孔子也。」（〈公孫丑上〉），雖然乍看之下，孔子鬱鬱不得志終其一生，但「若孔子則聞而知之。」（〈盡心下〉），意謂說實際上卻是聞知新王朝將要建立的天命，又製作《春秋》的無冕之王（素王）。[10]

---

[10]　此處，請參閱拙著《孔子神話》（岩波書店，1997 年）第三章 3〈孟子中

　　孟子在虛構的觀念中,拯救了孔子失敗的人生。同樣,「夫天未欲平治天下也。如欲平治天下,當今之世,舍我其誰也。」(〈公孫丑下〉),又將自己不得志,解釋成將來上升的準備階段,自信一定會收到上天的佑護。如此,孟子也企圖挽救自己失敗的人生。

　　《孟子》也在觀念中超越了歷史現實,在另一個層面上上升到天的認知。這一點,《孟子》和〈中庸〉大致是相同的。

　　需要注意的是,〈窮達以時〉文中並沒有這種思想。「動非爲達也」、「學非爲名也」、「君子惇於反己」等等所爲和努力,完全沒有預示出此後的上升和天的認知。〈窮達以時〉中的自得於不遇之境,僅僅是徹底的專心於自得之中,而並非日後伸展的手段[11]。

　　〈窮達以時〉提倡「天人之分」,否定了天人相關的因果律,而在如此前提下,試圖挽救孔子失敗的人生。根據這樣的設計,在不得志境遇下的所爲和努力,作爲自我完善的內容,只停留在人的領域。因此,理所當然地,其作者不會提出此後通向天的道路。

　　那麼,爲什麼〈窮達以時〉中並沒有孔子出現呢?郭店楚簡中

的孔子王者說與春秋著作說〉。

　　[11] 末永高康,〈「天人之分」——郭店楚簡初探〉,《鹿兒島大學教育學部紀要》第 50 卷(1999 年)指出,〈窮達以時〉的「天人之分」與《孟子》的「天人區分」接近,與郭店楚簡〈尊德義〉中「知命而後知道,知道而後知行。」有共通之處。但是,如本文前揭所述,〈窮達以時〉的「天人之分」與《孟子》的「天人區分」實際上有著重要差異。而〈尊德義〉則有可能與《孟子》相同:都主張如果能夠意識到天所賦予的使命,就能夠自覺地選擇應當前進的道路。而關於與〈窮達以時〉接近的思想,不如說是「知天所爲,知人所爲,然後知道。知道然後知命。」(〈語叢一〉)、「知命者亡望。」(〈語叢二〉)。

十篇儒家著作,主要都可說是子思學派的著作:例如〈魯穆公問子
思〉、〈性自命出〉──其中有與相傳爲子思所作的〈中庸〉非常接
近的性命思想、〈五行〉──其中思想與子思和孟子系統關聯非常密
切等等。以孔子嫡傳自負的子思學派,很可能著述了試圖爲孔子人
生進行辯護的〈窮達以時〉[12]。而且,作者也有可能將其整個論述作
爲孔子的發言而撰作這篇。若是如此,〈窮達以時〉本身就是作爲孔
子的言論被延續傳承,文中當然也沒有必要再出現孔子。而正是因
爲作爲孔子的言論傳承,所以前揭諸書又設定了厄于陳蔡之間的場
景,明確地將〈窮達以時〉中相同的內容作爲孔子自身言語。

六

　　一直以來,「天人之分」的思想都認爲是荀子所獨創,然而〈窮
達以時〉的發現,可以讓人清楚知道這是不正確的。參考上述〈窮
達以時〉的文獻成立的時期,認爲《荀子·天論》中所見「天人之
分」受到了先已存在的〈窮達以時〉的影響較爲妥當。下面就二者
之間的差異進行探討。

　　〈窮達以時〉「天人之分」中的人,指的是儘管身懷才能卻懷才
不遇,但能夠自得其中的君子和賢人;而《荀子》「天人之分」中的
人,則未必限於特殊的君子、賢人,而是一個統攝一般人的概念。《荀
子》云:

---

[12]　目前尚不清楚二者孰先形成,但是可以知道的是,在子思學派內部,曾
　　一度並存有類似〈窮達以時〉致力於人的領域的方向,與類似〈中庸〉試圖打
　　開通往天的進路方向的兩種思想。

> 大天而思之，孰與物畜而制之。從天而頌之，孰與制天命而
> 用之。望時而待之，孰與應時而使之。因物而多之，孰與騁
> 能而化之。思物而勿之[13]，孰與理物而勿失之也。願於物之
> 所以生，孰與有物之所以成。故錯人而思天，則失萬物之情。

上文「錯人而思天」所說的人，含有人爲、人道的意思，也指物質
生產、加工、管理、積蓄擴大社會財富等人類活動全部。而〈天論〉
開頭部分「彊本而節用，則天不能貧。」、「養備而動時，則天不能
病。」等這些致力於人爲的主體，也不局限在特殊的君子、賢人，
那些能夠在接受教導後避免貧困和疾病的普通人也包含其中。

另一方面〈天論〉中也有「明於天人之分，則可謂至人矣。」、
「唯聖人爲不求知天。」、「君子以爲文，而百姓以爲神。」、「君子
敬其在己者，而不慕其在天者。是以日進也。小人錯其在己者，而
慕其在天者。是以日退也。」等文句，將實踐「天人之分」的主體
規定爲「至人」、「聖人」、「君子」，這又當作何解釋？

正如在〈天論〉中「至人」、「聖人」、「君子」等人物在批評「百
姓」、「小人」深信天人相關、爲天象所左右或喜或憂的情況之內容
中才出現一事來看，可以知道，這些「至人」、「聖人」、「君子」與
愚昧的「百姓」、「小人」不同，而意指明察「天人之分」的先覺者。
而〈天論〉中還有「百王之無變，足以爲道貫。（中略）治盡其詳。」、
「君人者，隆禮尊賢而王。」等，其論述構成了統治理論。

因此，〈天論〉中的「至人」、「聖人」、「君子」，從現實批判的

---

[13] 原文作「思物而物之」，文意不通，故改第二個「物」讀作「勿」。

角度，表現爲理性先覺者的形象；而從統治理念角度，則表現爲教導愚昧無知的民眾、實踐「天人之分」的統治者形象。如此，《荀子》「天人之分」將人區分爲統治者和民眾，而君子則是推進「天人之分」的主體。雖然彼此的義務、功能相互有別，但作爲實踐「天人之分」的主體的人，則統攝了兩者。

正如前文已經闡明，荀子「天人之分」中的君子，指的是以樂觀主義態度對待上天、啓蒙並統治民眾的存在，而非如同〈窮達以時〉中的君子——對上天抱以悲觀主義態度、自得於不遇之境的存在。這種差異產生的原因，就在於二者之間視點的變換：〈窮達以時〉是一種將君子個人的遇或不遇作爲中介，論述天人之間的關係的處世原則；而《荀子》則是將國家治亂興亡、社會的財富生產作爲中介，論述天人之間的關係的統治理論。

因此，天概念本身也從「遇不遇天也」、「窮達以時」（〈窮達以時〉）——決定個人的遇、不遇的時代、時世的形式，發展變化爲「天行有常。不爲堯存，不爲桀亡。」、「列星隨旋，日月遞炤，四時代御，陰陽大化，風雨博施。萬物各得其和以生，各得其養以成。」（《荀子·天論》）——具備恒久的運行法則、萬物生長的自然。

二者之間的「天人之分」有著很大差異。但在另一方面，二者也具有一些共通性。首先關於天，二者天的概念中都不出現作爲有意志的人格神，以區別于前文所說〈中庸〉和《孟子》中有意志的上天。這也是兩者爲了否定人爲的善惡與上天禍福之間對應關係的因果律，而主張「天人之分」的必然結果。

其次，二者關於人的概念，都超越了作爲個體的人或是社會整體的人的差異，而均主張人應當在屬於人的領域之中努力實踐，從此而達到自我完善的人。

　　〈窮達以時〉將作爲時世的天與遭遇不得志的君子個人相對比，並且提出一種作爲處世原則的「天人之分」；《荀子・天論》則將作爲自然的天與在政治、經濟、倫理基礎上存在的人類社會整體相對比，並且論述作爲統治理論的「天人之分」。前面所說的差異和共同點，都是由這兩個框架的異同所帶來的。

　　但是，天與非個人的、社會整體之間的對比思考，究竟是否屬於荀子的獨創，仍然不很明確。因爲在兵家思想中，也有著天和國家、軍隊對比，即軍事上天人分離的思考[14]：如「謂之天官、人事而已。」、「天官時日不若人事也。」（《尉繚子・天官》）、「用兵者，順天道未必吉。逆之不必凶。若失人事，三軍敗亡。」（《通典》卷一百六十二引《六韜》佚文）、「寄勝於天道，無益於兵勝。」（《群書治要》卷三十一引《六韜》佚文）。

　　兵家的「天人之分」局限在軍事範圍之內，但是一旦排除這種限定，就可以構築出《荀子》「天人之分」那種天和人類社會整體的對比。因此我不排除《荀子》的「天人之分」是受到了兵家的「天人之分」的影響的可能性[15]。

---

[14] 此處，請參閱拙著《黃老道の成立と展開》（東京，創文社，1992年）第三部第二章〈《六韜》的兵學思想——天人相關與天人分離〉。

[15] 荀子「天人之分」的基本思想，可以看到對上天依賴的樂觀主義態度：「夫天地之生萬物也，固有餘，足以食人（中略）夫有餘不足，非天下之公患也。特墨子之私憂過計也。」（《荀子・富國》），只要人們堅持努力，上天就至少會保障人類社會的存在。其關於這一點的論述，很有可能是受到了慎到「天雖不憂人之暗，闔戶牖必取己明焉，則天無事也。地雖不憂人之貧，伐木刈草必取己富焉，則地無事也」（《慎子・威德》）思想的影響。

七

《墨子‧公孟》中描述了深信「死生有命，富貴在天。」（《論語‧顏淵》）一切都由上天決定的宿命論儒者的形象：

> 公孟子曰：貧富壽夭，齰然在天。不可損益。又曰：君子必學。子墨子曰：教人學，而執有命，是猶命人葆而去其冠也。

公孟子認為人的貧富、壽夭都是上天決定的，究竟是誰、如何決定的，由於情況錯綜複雜，其中因果律並不十分明確，非人為的努力所能夠駕馭。對此，墨子批評說，一方面鼓吹宿命論，另一方面又教導人要學習，就好比一面命令人把頭髮包起來，一面卻叫人取下冠（帽子），無疑是自相矛盾。

《公孟》中墨子又向儒者程子發難：「儒之道，足以喪天下者四政焉。」其中也有「又以命，為有貧富壽夭治亂安危，有極矣，不可損益也。」這也包含有宿命論思想。

墨家提倡非命，因而對儒家的宿命論竭力攻擊。《墨子‧非命中》中「不能曰我罷不肖，我從事不疾，必曰我命固且窮。」嚴厲批評了那些放棄人為努力、過著懶惰的生活，卻又自我辯解、將自己的困窮歸罪於天命，認為毫無辦法的宿命論者。

如此，在否定人為的善惡與上天的禍福之間相對應的因果律的思想基礎上，「遇不遇天也」、「窮達以時」的思考就會導致兩種分歧的方向：一是放棄人為努力，完全交付給天命的方向，另一種是絲

毫不仰慕上天，致力於人爲努力的方向[16]。〈窮達以時〉正是朝著試圖爲孔子的失敗人生辯護的目標，選擇了後者，而此後這一路線變換了形式，並爲荀子的「天人之分」所繼承。

---

[16] 前引《墨子・公孟》中，墨子批評了儒家一面站在宿命論立場，另一面卻又教導人們從事學習的自相矛盾言論。但是，如果這些論述是與〈窮達以時〉相同的結構，就不見得是矛盾了。另外，《荀子・宥坐》、《韓詩外傳》卷七、《說苑・雜言》中，孔子在歷數歷史人物之後，對子路又說了「故君子博學深謀，修身端行，以俟其時。」（《荀子・宥坐》）、「須其時者也。」（《韓詩外傳》）、「以須其時。」（《說苑》）等內容。即擺脫了現在不得志的困苦境地之後，期待著飛黃騰達的時機到來。這種心情是和〈中庸〉與《孟子》所見非常類似的。而以上諸書與〈窮達以時〉雖然有著相同的孔子言論，但卻不見「天人之分」的思想的原因，可能就在這裏。

第四章

〈緇衣〉的思想史意義

一

1993年湖北省荊門市郭店一號楚墓出土了800餘枚竹簡，其中有字簡730枚。出土的竹簡經荊州市博物館、荊門市博物館研究人員的釋讀，整理爲《郭店楚墓竹簡》一書，於1998年5月由文物出版社出版發行。[1] 書中收錄了竹簡的圖版、釋文，並將竹簡分類整理爲如下十六種文獻：

(1)《老子》甲、乙、丙；(2)〈太一生水〉；(3)〈緇衣〉；(4)〈魯穆公問子思〉；(5)〈窮達以時〉；(6)〈五行〉；(7)〈唐虞之道〉；(8)〈忠信之道〉；(9)〈成之聞之〉；(10)〈尊

---

[1] 發掘調查結果見湖北省荊門市博物館，〈荊門郭店一號楚墓〉，《文物》第7期（1997年）一文。文中認爲其營造年代爲「公元前四世紀中期至前三世紀初」，又崔仁義在〈荊門楚墓出土的竹簡《老子》初探〉，《荊門社會科學》第5期（1997年）一文中，比較包山楚墓（公元前316年下葬）出土的陪葬品，認爲郭店楚墓的年代應在前300年。

　　德義〉；（11）〈性自命出〉；（12）〈六德〉；（13）〈語叢一〉；
（14）〈語叢二〉；（15）〈語叢三〉；（16）〈語叢四〉

　　其中 1、2 係道家著作，3～12 係儒家著作，13～16 係蒐集其他
書中類似格言性質的精粹集。本文就其中儒家文獻〈緇衣〉的書寫
年代及其在先秦儒家思想發展中的意義，略作若干考察。

　　郭店楚簡中的〈緇衣〉同傳世的《禮記》中的〈緇衣〉有較大
的差異。[2]《禮記‧緇衣》以「子言之曰：『爲上易事也，爲下易知
也，則刑不煩矣。』」開篇，而郭店楚簡〈緇衣〉中並無此文；《禮
記‧緇衣》中有「子曰：『小人溺於水，君子溺於口，大人溺於民。』」
至「尹吉曰：『惟尹躬天，見于西邑夏，自周有終，相亦惟終。』」
一節，而郭店楚簡中的〈緇衣〉亦無此節。此外，兩篇在章次排序
上也多有出入，差距甚多。

　　儘管如此，一般仍認爲兩者基本上屬於同一文獻。1994 年上海
博物館從香港古董市場購入的上海博物館藏戰國楚簡（以下略稱上
博簡）中，也有〈緇衣〉一篇，與郭店楚簡的〈緇衣〉極其相似。
同《禮記‧緇衣》相較，也有著與郭店楚簡〈緇衣〉同樣的差異。[3]

---

　　[2] 以下所引郭店楚簡釋文參考荊門市博物館，《郭店楚墓竹簡》（文物出版
社，1998 年）所集裘錫圭釋文，文中異體字盡可能改爲通行字體。擇善而從，
並斷以己意，依文省注.

　　[3] 筆者因科學研究費之故，與福田哲之（島根大學教授）、渡邊英幸、福田
一也、久保由布子（東北大學研究生）幾位，於本年 8 月 20 日訪問了上海博物
館，並同前館長馬承源及濮茅左、陳佩芬、姚俊諸位進行了交談，獲取了關於
上博簡的諸多信息，承博物館美意，又得以見到了〈緇衣〉、〈孔子詩論〉、〈性

因此，有人以為郭店楚簡和上博簡的〈緇衣〉是比《禮記・緇衣》更古老的傳本形式。此且不論，但不可否認的是，對照三者之共同部分，應當承認三者屬於同一文獻。為確認起見，試將《禮記・緇衣》第二章和郭店楚簡〈緇衣〉的第一章、上博簡〈緇衣〉的第一章作如下比較：

> 子曰：好賢如緇衣，惡惡如巷伯，則爵不瀆而民作愿，刑不試而民咸服。大雅曰，儀刑文王，萬國作孚。（《禮記・緇衣》）
> 夫子曰：好媺女好茲衣，亞亞女亞遙白，則民臧旇而荆不屯。寺員，懲荆文王，萬邦乍孚。（郭店楚簡〈緇衣〉）
> 夫子曰：好媺女好紵衣，亞亞女亞巷白，則民臧房而型不屯。岢員，墊型文王，萬邦复孚。（上博簡〈緇衣〉）

　　三者在具體細微處有相當多的文字差異，然而應當視作同一文獻內部的差異，進而可認為三者基本上仍屬於同一文獻。[4] 郭店一號楚墓的下葬年代約為公元前 300 年，而上博簡的書寫年代也在前 300 年左右，那麼〈緇衣〉的成書年代也當在前 300 年左右，即戰國

情論〉三篇的竹簡的實物。

　　[4] 池田知久在〈根據出土資料推進中國古代研究〉，池田知久監修、大東文化大學郭店楚簡研究班編，《郭店楚簡研究（三）》（2001 年）中認為，「儘管郭店楚墓竹簡出土了〈緇衣〉篇，但還不能認為在當時，與《禮記》中〈緇衣〉篇相當的文字已經成篇，甚至以為西漢後期戴聖所編的所謂四十九篇本《禮記》的原型已經完成。」「甚至」以下姑且不論，否認郭店楚簡的〈緇衣〉篇同《禮記》的〈緇衣〉篇為同一文本，這是常識所無法理解和認同的。

前期（前 403 年～前 343 年）至春秋時代（前 770～前 403 年）的末
期。下文就此對於思想史研究的意義進行論述。

二

武內義雄在《易與中庸研究》中，根據《隋書‧音樂志》中所
引沈約之言「案漢初典章滅絕，諸儒捃拾溝渠牆壁之間，得片簡遺
文，與禮事相關者，卽編次以爲禮。」、「〈中庸〉、〈表記〉、〈坊記〉、
〈緇衣〉，皆取子思子。」，以及馬總《意林》中從《子思子》所引
用的十一條可以在《禮記‧表記〉、〈緇衣〉中看到的事實，認爲〈中
庸〉、〈表記〉、〈坊記〉、〈緇衣〉四篇，爲《漢書‧藝文志》、諸子略
中儒家所著《子思》二十三篇中之一部分。[5]

武內所下的結論應該是可信的。西漢確實存在《子思》二十三
篇一書，並爲《漢書‧藝文志》所載，此書直至北宋仍有傳本，至
南宋方才亡逸；《子思子》中含有〈中庸〉、〈表記〉、〈坊記〉、〈緇衣〉
四篇，並以〈中庸〉爲首篇。

下面的問題是這四篇與《禮記》的關係。《禮記》一書，《漢書‧
藝文志》六藝略著錄書名爲《記》百三十一篇，班固自注：「七十子
後學者所記。」又《隋書‧經籍志》卷一載《記》百三十一篇乃河
間獻王收集而成：「河間獻王又得仲尼弟子及後學者所記一百三十一
篇獻之。時亦無傳之者。至劉向考校經籍，檢得一百三十一篇，向
因第而敍之。」

最早爲《禮記》作注釋的鄭玄在《六藝論》中說：「今禮行於世

---

[5] 武內義雄，《易與中庸研究》（岩波書店，1943 年）第二章。

者，戴德、戴聖之學也。」、「戴德傳《記》八十五篇，則《大戴禮》是也；戴聖傳《禮》四十九篇，則此《禮記》是也。」（《禮記正義》序所引）。那麼，鄭玄所記之《大戴禮記》、《禮記》同《漢書·藝文志》中的《記》百三十一篇之間關係又是如何？

　　如果將戴德的《記》八十五篇和戴聖的《禮》四十九篇加起來，即百三十四篇。比〈藝文志〉的《記》百三十一篇多三篇。但今本《禮記》，即戴聖所傳《小戴禮記》中，〈曲禮〉、〈檀弓〉、〈雜記〉各分上、下篇，合其他諸篇，共四十九篇。若除去因分上、下篇所增三篇，則《小戴禮記》為四十六篇。又《通典》卷四十一，杜佑在〈禮典〉序中載，戴聖《禮記》四十七篇，其中含敘略一篇。所以《小戴禮記》應為四十六篇。這四十六篇合戴德八十五篇，正合〈藝文志〉的「百三十一篇」。因此《漢書·藝文志》一總諸篇所記「百三十一篇」同鄭玄《六藝論》所述完全一致的。

　　考慮到《禮記》的編輯之際不可能混入除《記》百三十一篇之外的其他書籍，那麼，沈約所言：「〈中庸〉、〈表記〉、〈坊記〉、〈緇衣〉皆取子思子。」就讓人生疑了。然而〈中庸〉等四篇又確實出自《子思子》，無法質疑。我們暫且不論沈約所言成立與否，假定這四篇為《記》百三十一篇和《子思》二十三篇兼而有之。

　　那麼，《記》百三十一篇與《子思子》的關係如何？據《隋書·經籍志》，記百三十一篇為河間獻王收集而成，但我們已無從考證，究竟最初是由一本書還是幾本書，即收集之前已有一定形制編集而成，或是完全是以篇為單位收集，繼而經獻王之手編集成書的。然而從書名，一個缺乏具體性的「記」來判斷，這本書是在明確的意圖指導下著成的可能性是很小的。

　　相較之下，《子思》二十三篇則明示為子思的著作，書名也較《記》

百三十一篇更爲具體，極有可能是在明確意圖的指導下成書的著作或編集作品。然而，《子思》二十三篇是編集成書于漢代，還是戰國時就已經是這樣的體裁形式，仍是疑問。若是前者，〈中庸〉等四篇的作者很有可能是出自子思或是子思學派之手，然而此已無從考證。

　　對比於《子思》二十三篇，《記》百三十一篇原本就是所出蕪雜，性質多樣的文獻匯總而成的編集作品。這樣與《子思》二十三篇重複兼有〈中庸〉等四篇，也就不足爲奇了。

　　姑且不論《記》百三十一篇與《子思》二十三篇均有〈中庸〉等四篇，既然四篇屬《子思》二十三篇，其中必有相同之處。武內義雄在《中國思想史》中列舉數條〈表記〉、〈坊記〉、〈緇衣〉三篇之共同特徵，認爲三篇爲戰國至秦初標榜子思的儒家學者所著。例如：王霸對言——孟子的影響；屢屢言及賞罰——法家影響；稱引《詩》、《書》，甚至孟子也不曾提及的《易》。[6] 實際上，除此之外，三篇皆用「子云」、「子言之」等爲伊始的文句排列結構，也顯示了其中極大相同之處。

　　兩相對勘，〈中庸〉與此三篇則稍有異趣：有些文句不冠以「子曰」；也並不直接稱引《易》等等。然而，與此三篇共同之處也不在少數，例如：仍有相當數量的文句以「子曰」造始；又如：「君子不賞而民勸，不怒而民威於鈇鉞。」仍是涉及賞罰；「至誠之道可以前知。」、「見乎蓍龜，動乎四體。」仍是言及占筮。

　　考慮到四篇同出於《子思子》的這一個事實，所以，即便四篇不是子思學派的著作，出於同一學派之手的可能性也應是很大的。

　　以下，討論一下四篇中頻出的「子曰」、「子云」、「子言之」，究

---

[6] 武內義雄，《中國思想史》（岩波書店，1953 年）第十章。

竟出自何人之口。先從〈中庸〉入手：

> （1）仲尼曰：「君子中庸，小人反中庸。」
> （2）子曰：「回之爲人也，擇乎中庸，得一善則拳拳服膺而
> 　　　弗失之矣。」
> （3）君子之道四，丘未能一焉。
> （4）哀公問政。子曰：「文武之政，布在方策。」
> （5）子曰：「吾說夏禮，杞不足徵也；吾學殷禮，有宋存焉，
> 　　　吾學周禮，今用之，吾從周。」

　　（1）中「仲尼曰」，明示爲孔子之言。需要注意的是一個事實，就是此句在〈中庸〉開頭以「某曰」的形式出現。（2）是對顏回的評語。相關的發言人，除了孔子之外，不可能有他人。（3）「丘未能一也。」明指說話人爲孔子。（4）採用答哀公問的形式，表示「子曰」之後爲孔子發言的內容。（5）的發言內容與《論語・八佾》：「夏禮吾能言之，其不足徵也；殷禮吾能言之，宋不足徵也。」及「鬱鬱乎文哉，吾從周。」如出一轍，無疑「子曰」以下即是孔子之言。因此，推及其他「子曰」，也應該都是孔子言語。

　　再列舉〈緇衣〉中例：

> （6）子曰：夫民教之以德，齊之以禮，則民有格心。教之
> 　　　以政，齊之以刑，則民有遯心。

　　儘管細微之處有別，但此句明顯是基於《論語・爲政》：「子曰道之以政，齊之以刑，則民免而無恥。道之以德，齊之以禮，有恥

且格。」一段而發的言論。因此,「子曰」以下也應該為孔子所言。

武內義雄在《易與中庸研究》中斷定,〈中庸〉本書所歷引的「子曰」是開頭處「仲尼曰」的省略形式,無疑其後所出「子曰」均係孔子之言。關於〈表記〉、〈坊記〉、〈緇衣〉三篇中所出的「子曰」,武內介紹了兩種觀點:「子曰」均係孔子之言,「子言之」係子思之言──邵晉涵、黃以周之說法;「子曰」、「子言之」均係子思之言──皮錫瑞、簡朝亮之說法。武內以簡說為是。

然而其結論尚有疑義。武內指出,針對《禮記》中〈坊記〉、〈中庸〉、〈表記〉、〈緇衣〉,沈約所列出的順序是:「〈中庸〉、〈表記〉、〈坊記〉、〈緇衣〉皆取子思。」以〈中庸〉為首篇;又「〈中庸〉之書四十九篇」(《孔叢子‧居衛》)、「〈中庸〉四十七篇」(李翱《復性書》)均為以〈中庸〉代稱《子思子》之例。因此武內認為〈中庸〉即是《子思子》首篇。而武內也認為我們從上述可以確認一點:即〈中庸〉的「子曰」均係孔子之言。

如果首篇〈中庸〉的「子曰」全是孔子之言,那麼其餘三篇所見「子曰」,「子言之」也當為孔子之言。然而三篇中所見「子曰」、「子言之」既沒有確鑿的材料證明出自誰人之口,當然也就無從證明出自「子思」之口。所以前面所述的兩種觀點得以並存。其中只有(6)是唯一可以確認說話主體的。既然那是孔子之言,那麼其餘也當皆出自孔子之口。[7]

既然體裁取以孔子語錄的形式,又為何冠以《子思》二十三篇或《子思子》?郭店楚簡中〈魯穆公問子思〉,採用魯穆公與子思直

---

[7] 前面所引郭店楚簡〈緇衣〉開端冠以「夫子曰」,而上博簡〈緇衣〉同樣如此,想來亦是佐證。

接問答的形式，然而此四篇卻全無子思和魯穆公之名，所以無從證實是子思之言。如此推斷，《子思子》的體裁可能是採取摘錄子思所傳孔子之語錄的方式。

惟在首篇〈中庸〉裏，尚有文句不取「子曰」的形式：「仲尼祖述堯舜，憲章文武，上律天時，下襲水土，辟如天地之無不持載，無不覆幬。辟如四時之錯行、如日月之代明。」明確表示係出自孔子之外的他人手筆。這樣的表達方式或許正表明這是子思所做，而非孔子之作。開頭和末尾的幾篇與其他部分異樣的文字，他處尚可見到。

三

承上所述，〈中庸〉、〈表記〉、〈坊記〉、〈緇衣〉四篇可認為係同一學派的系列篇章。那麼此前又是如何考慮四篇的成篇年代呢？

就〈中庸〉而言，武內義雄在《易與中庸研究》及《中國思想史》中，總括全篇，分為前半〈中庸本書〉和後半〈中庸說〉，認為前者為子思本人或相近門人著作，後者則是秦朝時候子思學派的著作[8]。

與此迥異，赤塚忠在《中庸解說》中，否定前後二分說，主張

---

[8] 馮友蘭，《中國哲學史》（商務印書館，1934 年），第一篇第十四章、重澤俊郎，《原始儒家思想與經學》（東京：岩波書店，1947 年）第一部、金谷治，《秦漢思想史研究》（日本學術振興會，1960 年，平樂寺書店，1918 年）第四章、島森哲男，〈〈中庸〉篇的構成與其思想〉，《集刊東洋學》第 32 號等，與此持相同觀點。

〈中庸〉乃俱一系列的體系之作品，認爲在荀子時就已出現原型，至秦始皇時方成篇定形。[9] 津田左右吉則在《道家思想及其發展》中，指出其頗受道家影響，著述形式亦酷似漢代著作，提出當是在漢武帝以降成篇。[10]

　　武內不僅對〈中庸〉，更將四篇合而觀之，進行考察。推定其他三篇爲〈中庸〉的思想展開：〈中庸本書〉係子思手筆或門人編纂，〈表記〉、〈坊記〉、〈緇衣〉三篇爲戰國末、秦初子思學派的著作，〈中庸說〉則是秦統一後子思學派所記述的解說。就此論可否，我的考察如下：

　　武內認爲〈表記〉、〈坊記〉、〈緇衣〉三篇是戰國末年、秦初子思學派的作品，其最有力論據在於三篇共同援引了《易》。例如：

　　（1）子曰：「無辭不相接也，無禮不相見也。欲民之毋相褻
　　　　　也。《易》曰：『初筮告。再三瀆。瀆則不告。』」（〈表
　　　　　記〉）

　　（2）子曰：「事君大言入，則望大利。小言入，則望小利。
　　　　　故君子不以小言受大祿。不以大言受小祿。《易》曰：

---

[9] 赤塚忠，〈中庸解說〉，《新釋漢文大系　大學・中庸》（明治書院，1967 年所收）。

[10] 津田左右吉，《道家思想及其發展》（東京：岩波書店，1939 年）第五篇，及〈漢儒述作之形式──解剖〈禮記〉諸篇〉，《津田左右吉全集》第十八卷，另外板野長八，〈中庸篇的成書〉，《廣島大學文學部紀要》第 22 卷 2 號，後收錄於《儒教成立史之研究》（東京：岩波書店，1995 年），立論方式各異，但均以爲〈中庸〉成書於西漢武帝時期。

『不家食吉。』」（〈表記〉）

（3）子曰：「事君軍旅不辟難，朝廷不辭賤。處其位而不履
其事則亂也。故君使其臣，得志則慎慮而從之，否則
孰慮而從之。終事而退，臣之厚也。易曰：『不事王侯，
高尚其事。』」（〈表記〉）

（4）子云：「敬則用祭器。故君子不以菲廢禮，不以美沒禮。
故食禮，主人親饋，則客祭，主人不親饋，則客不祭。
故君子苟無禮，雖美不食焉。易曰：『東鄰殺牛，不如
西鄰之禴祭，實受其福。』《詩》云：『既醉以酒，既
飽以德。』以此示民，民猶爭利而忘義。」（〈坊記〉）

（5）子云：「禮之先幣帛也，欲民之先事而後祿也。先財而
後禮則民利，無辭而行情則民爭。故君子於有饋者，
弗能見，則不視其饋。易曰：『不耕穫，不菑畬，凶。』
以此坊民，民猶貴祿而賤行。」（〈坊記〉）

（6）子曰：「南人有言曰：『人而無恆，不可以為卜筮。』
古之遺言與。龜筮猶不能知也，而況於人乎？詩云：『我
龜既厭，不我告猶。』兌命曰：『爵無及惡德，民立而
正。事純而祭祀，是為不敬，事煩則亂，事神則難。』
易曰：『不恆其德，或承之羞。恆其德偵，婦人吉，夫
子凶。』」（〈緇衣〉）

其中（1）所引為《易》蒙卦卦辭（彖傳）：「初筮告，再三瀆，瀆則
不告。」；（2）為大蓄卦卦辭「不家食吉。」；（3）為蠱卦上九爻辭
「不事王侯，高尚其事。」；（4）為既濟卦九五爻辭「東鄰殺牛，不
如西鄰之禴祭，實受其福。」；（5）為無妄卦六二爻辭「不耕穫，不

菑畬，則利有攸往。」[11]；（6）為恆卦九三爻辭「不恆其德，或承之羞。」及六五之爻辭「恆其德，貞，婦人吉，夫子凶。」

武內認為孔子直至孟、荀，《易》均不為儒家視為經典著作，直至呂不韋時才得以廁身其中；既然不見於孟、荀，則很可能是孟、荀以外的學派引發所致。

換言之，武內認為是在荀子以降之戰國末年至秦初，《易》才被奉為儒家經典。同時，〈表記〉、〈坊記〉、〈緇衣〉三篇的成篇年代也在戰國末年至秦初。三篇共同稱引《易》，則說明戰國末年至秦初時，《易》已經廁身於儒家經典，並為子思學派所稱引。

然而隨著郭店楚簡的發現，以上觀點就不能成立了。郭店楚簡的〈六德〉有以下記述：

> 故夫夫、婦婦、父父、子子、君君、臣臣，六者各行其職，而訕諤亡由作也，觀諸詩書則亦在矣，觀諸禮樂則亦在矣，觀諸易春秋則亦在矣。親此多也，鏡此多也，美此多也。導漢止。

〈六德〉所言「內位父、子、夫也，外位君、臣、婦也。」規定了夫婦、君臣、父子六位，又將此六位與聖、智、仁、義、忠、信六德、和率、從、使、事、教、受六職相互匹配，說明三者間的關係。前面引文則進一步將六位、六德、六職的理想關係同《詩》、《書》、《禮》、《樂》、《易》、《春秋》相對應。〈六德〉中所述《詩》、

---

[11] 今本《周易》作「則利有攸往」，〈坊記〉引時作「凶」。馬王堆漢墓出土的帛書《周易》作「利（有攸）往」。

《書》、《禮》、《樂》、《易》、《春秋》的書名同先秦儒家奉爲經典的「六經」內容是完全一致的。

而且其中所列舉的排列順序也與《莊子・天運》：「丘治《詩》、《書》、《禮》、《樂》、《易》、《春秋》六經，自以爲久矣。」和〈天下〉：「《詩》以導志，《書》以導事，《禮》以導行，《樂》以導和，《易》以導陰陽，《春秋》以導名分。」的六經順序全然相同。

無疑，〈六德〉成文時，儒家已經將以上六種典籍奉爲經典，儘管我們無法判斷最初是否用「六經」來總稱這些典籍，但這些典籍當時已被儒家作爲特殊典籍，已是毋庸置疑。

郭店楚簡〈語叢一〉中也有記述「六德」的文句：

> 易所以會天道人道也。
>
> 詩所以會古今之志也者。
>
> 春秋所以會古今之事也。
>
> 禮，交之行述也。
>
> 樂，或生或教者也。

〈語叢一〉對《易》、《詩》、《春秋》、《禮》、《樂》分別簡略地說明了功用。推想其中也一定有對《書》的解釋，可惜竹簡殘缺，不能見到具體的記述。而且其中的「禮」、「樂」究竟是特定的典籍，還是一般性的儀禮和音樂，也不得而知，想來後者的可能性較大。

〈語叢一〉並沒有如〈六德〉那樣明確顯示存在「六經」的概念，但這些記述至少反映出在〈語叢一〉編纂時，儒家已經把《易》、《詩》、《春秋》奉爲經典了。

〈六德〉和〈語叢一〉的成書年代究竟爲何時？依上所述，郭

店一號楚墓的下葬年代約爲公元前 300 年左右，而陪葬品中還有兩根君主賜予年長者的鳩杖。據此，墓主或已年過七十。而〈六德〉、〈語叢一〉均爲墓主生前所有，假定墓主五十歲左右得到這些抄寫本，那麼抄寫本的書寫年代當在公元前 320 年左右。

　　而這些不過是幾經抄寫的眾多寫本中的一本，並非原著，那麼原著的成書年代應當遠較郭店寫本爲早。考慮到一般情況，原著著成後，到幾經抄寫的寫本流傳需要相當的時間，至少十、二十年。假定〈六德〉和〈語叢一〉的書寫年代爲前 320 年，那麼，原書成書應前推二十年，即前 340 年左右。[12]

　　〈六德〉和〈語叢一〉是在儒家已經將《易》視作經典的前提下的記述。即兩篇成文之前，《易》已廁身儒家經典之列。那麼這個年代也應當遠早於前 340 年左右。

　　透過郭店楚簡的發現，可以否定上述武內的說法——《易》在戰國末、至秦初被列入儒家經典。同樣，〈表記〉、〈坊記〉、〈緇衣〉三篇的成篇時間當在戰國末、秦初的結論，也因郭店楚簡和上博簡中〈緇衣〉的出現，不攻自破。

　　在上海博物館的中國歷代書法館，陳列有上博簡中五種文獻竹簡的放大照片，每張二枚，共計十枚竹簡。這些文獻相當於《周易》、今本《禮記·緇衣》和〈孔子閒居〉、《大戴禮記》的〈武王踐阼〉以及新見的〈季桓子〉。

　　其中《周易》簡所展示的兩根分別是豫卦和大畜卦的部分內容。各簡從簡頭開始依次記述了卦畫、卦名、卦辭和爻辭，與今本《周

---

　　[12] 關於〈語叢〉的成書年代，參閱拙稿〈《春秋》的成書年代——平勢說的再商榷〉，《中國研究集刊》第 29 號（2001 年）。

易》有令人驚異的一致性。儘管還有細部的文字差異，但可以認為僅是同一文本間內部差異。[13]

　　上博簡的書寫年代約在戰國晚期（前四世紀中葉～前221年），更具體來說約在前300年左右。據上所述，尚在戰國前期（前403年～前343年），《周易》前卦畫、卦名、卦辭、爻辭已經以一定的形態傳承下來。再與散見於《國語》和《左傳》中用《周易》占筮的記事作一聯想，恐怕《周易》的由來較戰國前期更為古老，可以上溯至春秋時代（前770年～前403年），甚至西周末年。[14]

---

[13] 拙稿〈關於戰國楚簡《周易》〉（《中國研究集刊》第29號・2001年）有詳細論述，請參閱。

[14] 平勢隆郎，《左傳的史科批判性研究》（東京大學東洋文化研究所，汲古書院，1998年）認為《周易》的體系構成當在戰國後期之後。近藤浩之也在〈從出士資料看《周易》的形成〉，《漢城98國際周易學術會議論文集——21世紀與周易》（1998年）認為戰國中期以前尚無卦名存在。相反，廖名春在〈上海博物館藏楚簡《周易》管窺〉，《新出楚簡試論》（臺灣估計出版公司，2001年）中，認為由於上博簡《周易》的發現，以上觀點已齊不能成立。又近藤浩之在〈包山楚簡卜筮祭禱記錄與郭店楚簡中的《易》〉，武漢大學中國文化研究院編，《〈人文論叢〉特集郭店楚簡國際學術研討會論文集》（湖北人民出版社，2000年）認為《周易》的卦辭和爻辭的定型是在戰國中期末以降，然而，隨著上博簡《周易》的發現，確信這是不能成立的。另外曹峰在〈關於上海博物館展示的竹簡〉，東京大學郭店楚簡研究彙編，《郭店楚簡的思想史研究》第二卷（1999年）中，援引近藤說，認為「在郭店楚簡編成年代，《易》的地位已經同詩、書、禮、樂、春秋並駕齊驅。但這裡的《易》未見得就如上博簡裏的《易》一樣，卦辭、爻辭都已齊備。」其論究竟從何而出，未有明確論述，意旨不明。

與前面所說〈六德〉、〈語叢一〉的記述相配合，《周易》成爲儒家經典很可能是在春秋末年至戰國前期。1973 年在湖南長沙市馬王堆出土了大量帛書，其中也有《周易》。對照今本《周易》，除卦序有所出入之外，基本上也是同一文本。[15]

值得注意的是，帛書《周易》附有〈二三子問〉、〈繫辭〉、〈易贊〉、〈要〉、〈繆和〉、〈昭力〉等傳。例如〈二三子問〉，關於坤卦上六爻辭曰：

> 易曰：「龍戰于野，其血玄黃。」孔子曰：「此言大人之廣德而施教于民也。夫文之交，采物畢存者，其唯龍乎？德、義廣大，法物備具者〔其唯〕聖人乎？龍戰于野者，言大人之廣德而下〔接〕民也。其血玄黃者，見文也。聖人出法教以導民，亦猶龍之文也。可謂〔血〕玄黃矣。」[16]

附記孔子解說《周易》經文的傳記，說明從戰國開始，《易傳》的著述促進了孔子及儒家與《易》之間的緊密聯繫。出土帛書《周易》的馬王堆三號漢墓營造於前 168 年，即漢文帝前元十二年。那麼，帛書的書寫年代也當在漢帝國建立之後不久。所以帛書《周易》所附之傳，於戰國時期應已成書。這也可以成爲《周易》作爲儒家經典的時間是在戰國末年至秦初的一個佐證。

對此，值得一提的是郭店楚簡和上博簡的〈緇衣〉沒有引用《易》

---

[15] 請參閱張立文，《周易帛書今注今譯》（臺北：臺灣學生書局，1992 年）

[16] 以下所引帛書《易傳》出自廖名春，《帛書〈易傳〉初探》（臺北：文史哲出版社，1999 年），擇善而從，斷以己意。

的部分。武內認為《易》與儒家結合的時代應在荀子以降，戰國末年至秦初，所以稱引《易》的〈表記〉、〈坊記〉、〈緇衣〉三篇的成篇當然也在戰國末年至秦初。設想如果同竹簡本〈緇衣〉一樣，〈表記〉、〈坊記〉最初文本中並沒有稱引《易》的部分，只是後來才加進去的，這又意味著什麼？

如前所述，儒家把《易》奉為經典是在春秋末年至戰國前期開始的，並且《易》的文本同今本基本上是一致的。三篇的作者如果想在其中援引《易》的話，當然是一定可以的。所以，三篇最初的文本是否援引《易》就不能作為直接判定三篇的成篇年代的證據[17]。

即使竹簡本〈緇衣〉沒有引用《易》的部分、也不能因此斷定：這是文本的最初形態，還是戰國時期的唯一形態。因為儘管郭店竹簡和上博簡本是如此，並不能就此否認與傳世本相同的其他文本也在當時流佈。既然無法否定這種可能性，那麼有無稱引《易》，就不能成為判定此三篇之編輯年代的關鍵所在。

既然郭店楚簡和上博簡都出土了〈緇衣〉，所以我們也應該認為〈表記〉、〈坊記〉二篇成篇於春秋末年至戰國前期。理由是〈緇衣〉和〈表記〉、〈坊記〉三者之間並不存在足以判定有年代差距的差異，而且三篇係屬於同一學派的系列著作。

剩下的〈中庸〉又應該做何考慮？武內從內容上的差異，認為前半以「中庸」為主題，後半以「誠」為主題，分為「中庸本書」和「中庸說」。然而同一篇內部有主題轉換的情形，在〈表記〉、〈坊記〉、〈緇衣〉三篇中亦有所見，以此便認為前者是子思及其門人的

---

[17] 近藤浩之，〈包山楚簡卜筮祭禱記錄與郭店楚簡中的《易》〉一文，針對郭店楚簡中〈緇衣〉沒有稱引《易》，認為戰國中期末以前卦辭、爻辭尚未定型。

著作，而後者則爲相距甚遠的秦始皇時代的著作，是完全沒有必要的。[18]

武內所說，將〈中庸〉等四篇分爲〈中庸本書〉（戰國前期），〈表記〉、〈坊記〉、〈緇衣〉（戰國末秦初），〈中庸說〉（秦始皇統一後）的圖式，其中的第二個環節已隨著郭店竹簡和上博簡〈緇衣〉的發現，不復成立，繼而二分〈中庸〉，並置於〈表記〉、〈坊記〉、〈緇衣〉前後的排列也就不能成立。而當認識到〈中庸〉、〈表記〉、〈坊記〉、〈緇衣〉四篇爲春秋末期至戰國前期同一學派的系列著作時，[19]古代中國思想史的研究該如何重建思想史的脈絡？

---

[18] 武內認爲〈表記〉、〈坊記〉、〈緇衣〉三篇屢屢言及賞罰是受到了法家的影響，以此作爲三篇是韓非子之後戰國至秦初成篇的論據之一。然而，在郭店楚簡中也有「未賞而民勸，含福者也，未刑而民畏，有心畏者也。」（〈性自命出〉）、「賞與刑，禍福之基也，或前之者矣。」（〈尊德義〉）涉及賞罰的文句。卻不能視爲戰國末至秦初作品的證據。而武內將〈中庸〉篇中的「今天下，車同軌，書同文，行同倫。」同始皇帝統一文字相聯繫，作爲〈中庸說〉是始皇帝統一之後的著作的證據。但「書同文」既然是出自孔子言論，理解成周宣王時太史籀銜統一文字應更爲妥當。另〈中庸〉的著作意圖，請參閱拙著，《孔子神話》（東京：岩波書店，1997 年）第三章。

[19] 上博簡中有今本《禮記》的〈緇衣〉、〈孔子閒居〉，《大戴禮記》的〈武王踐阼〉、〈曾子立孝〉。今本《禮記》和《大戴禮記》均以《漢書·藝文志》所載《記》百三十一篇爲共同源頭。既然其中有四篇從出士的戰國墓中發現，那麼《記》百三十一篇就很有可能全部爲先秦著作。

四

　　此前的古代中國思想史研究，一般以為《易》是在戰國末年至秦漢之際甚至漢之後才廁身於儒家經典之列。[20]

　　據此，武內也認為從戰國末年至秦朝，儒家，尤其是子思學派，受到道家的影響，著述了《易傳》的〈彖傳〉、〈象傳〉、〈繫辭傳〉、〈文言傳〉等，將占筮的《易》改造成了儒家經典。通過以上工作，在形成《易傳》的形而上思想的同時，將此前儒家並非十分發達的形而上的宇宙論納入儒家思想中。換言之，此前的儒家僅將視野限定在人類社會內部的道德思想，而戰國末至秦時，受《易》經典化及道家思想的影響，形成了一個以「誠」為貫通宇宙、立足形而上的宇宙論之上的人類道德思想。[21]

　　既然確定儒家在春秋末至戰國前期已經將《易》奉為經典，並從戰國時代開始儒家即完成了《易傳》的著作，並且〈中庸〉、〈表記〉、〈坊記〉、〈緇衣〉四篇的成篇年代也在春秋末年至戰國前期，那麼當然有必要對儒家的形而上思想的發端時間重新思考。

　　郭店楚簡〈性自命出〉中有著與〈中庸〉思想極為近似的表述：

　　　　（1）凡人雖有性，心亡奠志。待物而後作，待悅而後行，

---

[20]　參閱平岡武夫，《經學的成立》（全國書房，1940 年，創文社，1983 年再刊），武內義雄，《中國思想史》，津田左右吉，《左傳的思想史研究》（東洋文庫，1935 年）第八章等。

[21]　《中國思想史》。又金谷治，《秦漢思想史研究》持同樣見解，有詳細的論述。

待習而後奠。喜怒哀悲之氣，性也。及其見於外，則物取之也。性自命出，命自天降，道始於情，情生於性。始者近情，終者近義。知〔情者能〕出之，知義者能納之。好惡性也，所好所惡，物也，善不〔善義也〕，所善所不善，勢也。

(2) 凡物亡不異也者，剛之樹也，剛取之也。柔之約，柔取之也。四海之內其性一也。其用心各異，教使然也。

(3) 詩、書、禮、樂其始出皆生於人。詩有爲爲之也，書有爲言之也，禮樂有爲舉之也。聖人比其類而論會之，觀其先後而逆順之，體其義而節度之，理其情而出入之，然後覆以教。

（1）是〈性自命出〉的開頭部分。「性自命出，命自天降，道始於情，情生於性。」展現了「天—命—性—情—道」的發生順序，酷似〈中庸〉開頭的「天命之謂性，率性之謂道，修道之謂教。」

在天所賦予人的本性之中，稟賦有喜、怒、哀、悲之氣，因特定的外物所誘發，而以喜、怒、哀、悲的感情展現於外。這樣的性情論與〈中庸〉的開端部分「喜怒哀樂之未發，謂之中，發而皆中節，謂之和。」的思維也是非常近似。

（2）認爲萬物之所以呈現出各自迥異的形態，是由於外界存在的剛柔誘發、作用于個體內部的剛柔之性。同時，萬物之性在同類之中雖然相同，但因外物施加不同教導而使得其心各異。在這裏「剛」與「柔」不但被視爲個別物的屬性，而且被當作存在於天地之間的形而上原理。

最後，（3）意謂，聖人分析了詩、書、禮、樂的內容，比較了

各自的特徵，設計了依難易度前進的階梯；親自揭示出其中所蘊含的正義，規定了踐正行義時的節度；恰如其分地駕馭其中飽含的情感，然後以一種天下萬物無所不包的形式，開始教化。這種聖人教化形態與〈中庸〉裏「唯天下至誠，爲能盡其性，能盡其性，則能盡人之性，能盡人之性，則能盡物之性，能盡物之性，則可以贊天地之化育，可以贊天地之化育，則可以與天地參矣。」有所相通。

如此，〈性自命出〉的前半部分，列舉作爲天命所賦予而內在於人的「性」，時而內蘊又時而外現、兼有內外特徵之「情」，以及誘發「情」的外在教化手段而作了區分，並且闡明了三者間的關係。[22]〈性自命出〉對先天的性和後天的教化的關係，進行了原理性的考察。既然〈性自命出〉的成書年代是在春秋末年至戰國前期，那麼儒家類似〈中庸〉的形而上思考的初始年代，自然該相應提前。

接下來，我們進行對帛書《周易》所附載的《易傳》之內容的探究：

（a）天奠地庫，鍵川定矣。庫高已陳，貴賤立矣。勤靜有常，剛柔斷矣。方以類寇，物以羣分，吉凶生〔矣。在天成象〕，在地成荆，〔變化〕見矣。（〈繫辭〉）

（b）天尊地卑，乾坤定矣。卑高已陳，貴賤位矣。動靜有常，剛柔斷矣。方以類聚，物以羣分，吉凶生矣。在天成象，在地成形，變化見矣。

（c）犯曰天地之化而不過，曲萬物而不遺，達諸晝夜之道

---

[22] 上博簡中有與郭店楚簡〈性自命出〉內容相當的文獻，上海博物館定名為〈性情論〉。

　　　而知。古神无方，易无體。一陰一陽之胃道。係之者
　　　善也。成之者生也。（〈繫辭〉）

（d）範圍天地之化而不過，曲成萬物而不遺，通乎晝夜之
　　　道而知。故神无方，而易无體。一陰一陽之謂道。繼
　　　之者善也。成之者性也。

（e）夫子老而好易，居則在席，行則在囊。子貢曰，夫子
　　　它日教此弟子曰，德行亡者，神靈之趨，知謀遠者，
　　　卜筮之繁。賜以此爲然矣。以此言取之，賜緡行之爲
　　　也。夫子何以老而好之乎。（〈要〉）

（f）故易有天道焉，而不可以日月星辰盡稱也，故爲之以
　　　陰陽。有地道焉，不可以水火金土木盡稱也，故律之
　　　以柔剛。有人道焉，不可以父子君臣夫婦先後盡稱也，
　　　故要之以上下。有四時之變焉，不可以萬物盡稱也，
　　　故爲之以八卦。（〈要〉）

（g）易曰，康矦用錫馬蕃庶，晝日三接。孔子曰，此言聖
　　　王之安世者也。（中略）聖人之莅政也，必尊天而敬衆，
　　　理順五行，天地無菑，民□不傷。甘露時雨聚降，剽
　　　風苦雨不至，民也相醲以壽。（〈二三子問〉）

（h）卦曰，履霜，堅冰至。孔子曰，此言天時緒戒葆常也。
　　　（中略）德與天道始，必順五行。其孫貴而宗不滅。（〈二
　　　三子問〉）

　　　以上，（a）是帛書《周易·繫辭》的開頭部分；（b）是今本《周
易·繫辭》的開頭部分；（c）是帛書《周易·繫辭》的一節；（d）
是對應的今本《周易》中的部分。兩相校勘，一目了然——二者爲

同一文獻。不僅如此，帛書《周易》的〈繫辭〉與今本〈繫辭〉基本上完全一致。[23]

帛書《周易》的發現推翻了武內所作〈繫辭傳〉和〈文言傳〉皆出自秦代子思學派之手的論斷。公元前168年營造的馬王堆漢墓出土的帛書《周易》，其書寫年代約在高祖、惠帝時。又由於該文本不可能是原著，那麼原著成書年代又應當從高祖、惠帝前移數十年甚至百餘年。[24] 所以帛書《易傳》的成書年代大約在戰國中期（前342年～前282年）或戰國後期（前281年～前222年）。一直以來作為一部展示《易》的形而上思想的精華著作，〈繫辭傳〉在思想史上備受矚目，評價甚高。如此，儒家從戰國時便開始了《易傳》的形而上學思考。

（e）是帛書《易傳・要》的一節。從中得知孔子晚年好易，不暇釋卷。子貢詰問，夫子一直教導人要重修養遠卜筮，自己也身體力行，何以現在一反常態？

《論語》中有「夫子言性與天道，不可得而聞也已矣。」（〈公冶長〉）、「務於民之義，敬鬼神而遠之，可謂知矣。」（〈雍也〉）、「子不語怪力亂神。」（〈述而〉）等記述了孔子否定神祕主義的言行。而《易傳》的作者卻賦予孔子聖人的資格，努力捏造出孔子精通《易》

---

[23] 為便於比較和對照，（a）、（c）仍依帛書文字，（e）、（f）、（g）、（h）因理解方便，改作通行字體。

[24] 關於馬王堆漢墓出土帛書〈五行〉，此前一些人強烈主張是受《荀子》的影響，成篇於漢初或秦時。但郭店楚簡〈五行〉的出土，使成書年代一舉上溯百年有餘。關於帛書〈五行〉的成書年代，參閱拙著《黃老道の成立と展開》（東京：創文社，1992年）。

並著作《易傳》的證據。[25] 其作者又考慮到這與《論語》中的記述有矛盾，所以就將「子曰：『加我數年，五十以學易，可以無大過矣。』」（〈述而〉）視爲奇貨，僞造出（e）的一節話語，試圖借孔子之口釋明，其中並無矛盾存在。[26]

後續的（f）、（g）、（h）記述了孔子將陰陽概念導入由日月星辰組成的天道，將剛柔概念導入由水火金木土組成的地道，又記述孔子提倡「理順五行，天地無菑。」、「德與天道始，必順五行。」等主張，並且說明天人相應的思想。從中我們看到，從戰國時期開始，一部分儒家已開始將孔子僞裝成神祕主義的天人相應論者，並不斷地嘗試探索人類道德與形而上的宇宙論互相結合的思考。[27]

其時，這樣的探索僅憑儒家完全獨立的實踐，是難以想像的。正如此前一般所認爲，其中也存在著道家等其他學派的影響。因爲許多學者認爲道家思想的發生時期需要重新考慮，所以受道家思想影響的《易傳》的著作時間，一般認爲是在戰國末至秦初。而戰國竹簡的發現，致使道家思想產生的年代也極有可能大大提前。

郭店楚簡中出現了三個《老子》的抄本，因此可以確信，《老子》

---

[25] 請參閱拙著《孔子神話》第五章。

[26] 〈述而〉中孔子所言另有本作：「加我數年，五十以學，亦可以無大過矣。」有人以此為善。從帛書〈要〉的記述判斷，文本的優劣姑且毋論，儒家內部確實有人根據「五十學易，可以無大過矣。」的文本，認為孔子晚年學易。「孔子晚而喜易，序彖繫象說卦文言。」（《史記‧孔子世家》）的記述，就是這種觀點的延伸。

[27] 以前多以為儒家引入天人感應思想的是西漢的董仲舒，現在以為當做根本的修正。

一書的成書時代應在戰國初，甚至春秋末年。另一方面，郭店楚簡中〈太一生水〉的發現，證實了尚有不為人知的道家思想存在。[28] 郭店楚簡的〈語叢〉中還散見有道家思想的文句，如：「凡物由亡（無）生。」、「察天道以化民氣。」、「無物不物，皆至焉，而亡非己取之者。」（〈語叢一〉）；「華，自晏也，賊，退人也。」、「名，婁也。由則玄生。」（〈語叢二〉）；「天型成，人與物斯理。」（〈語叢三〉）等等。

因此，我們必須認識到，儘管來歷各異，後來總稱為道家的思想從春秋末年至戰國初葉已經存在，而且其中一部分可能先於孔子思想。儒家很有可能在戰國中期、後期接受了道家思想並著作了《易傳》。[29]

戰國楚簡的相繼發現，使《周易》確立以卦畫、卦名、卦辭、爻辭等為基本結構的年代，道家思想的發生年代，儒家將《易》作為經典的年代，儒家著作《易傳》的年代，以及〈中庸〉、〈表記〉、〈坊記〉、〈緇衣〉四篇的著作年代都得以大幅移前。[30] 可以說我們

---

[28] 參閱拙稿〈郭店楚簡〈太一生水〉和《老子》的道〉，《中國研究集刊》第 26 號（2000 年）。

[29] 王弼本《老子‧第十九章》中，「絕聖棄智，民利百倍，絕仁棄義，民復孝慈，絕巧棄利，盜賊無有。」一句，過去認為這是批評儒家。但郭店楚簡《老子》（甲本）中對應句子作「絕智棄辯，民利百倍，絕巧棄利，盜賊无有，絕偽棄慮，民復孝子」，並沒有對儒家批評的成分。《莊子》外雜篇中，雖然也有針對類似〈性自命出〉中的性命論的激烈批評，然而也不排除此前儒家與道家關係是十分緊密的可能性。

[30] 〈坊記〉中有「春秋不稱楚越之王喪。」、「魯春秋猶去夫人之姓曰吳，

所迎接的，是一個打破陳說的束縛，重新反思方法論，並重構古代
中國思想史的嶄新階段。

其死曰孟子卒。」等孔子援引《春秋》的句子。如果〈坊記〉的成書年代提早
在春秋末年至戰國前期，那麼《春秋》的成書年代當然也要一併要上溯了。

第三部分

上海博物館藏楚簡思想的探討

第五章

〈容成氏〉的禪讓與放伐

一、〈容成氏〉的整體架構

一九九四年上海博物館（簡稱《上博》）自香港的古董市場買進一千兩百多枚的戰國楚簡。這些上博楚簡經過三年的保存處理之後，從一九九七年起進行解讀與整理，分別在二〇〇一年刊印出《上海博物館藏戰國楚竹書(一)》與二〇〇二年刊印出《上海博物館藏戰國楚竹書(二)》二書。

由於是盜墓品，上博楚簡的出土地點不明，被陪葬的時期也不清楚，於是在中國科學院上海原子核研究所進行碳十四的年代測定。測定結果顯示是距今二二五七±六十五年前，由於碳十四測定是以公元一九五〇年為國際定點，上博楚簡就成為公元前三〇八±六十五年，亦即公元前三七三年至公元前二四三年之間所寫下的作品。[1] 至於出土地點，在《上海博物館藏戰國楚竹書(一)》的前言中，曾經介紹這批楚簡是在湖北省出土，因此可能是從郭店一號楚墓中被盜掘出來。其次，關於陪葬時期，上海楚簡的竹簡或字體的分析，

---

[1] 年代測定的結果，在『上博館藏戰國楚竹書研究』（上海書店出版社，二〇〇二年三月）所收〈馬承源先生談上海簡〉一文中有所介紹。

與郭店楚簡做一比較之後，推定是公元前二七八年楚國受秦國攻擊而由郢遷都至陳以前的作品。因此上博楚簡的書寫年代，大約在公元前三七三年至公元前二七八年之間。

《上海博物館藏戰國楚竹書(二)》一書中，收錄了記載古代帝王事蹟的〈容成氏〉。竹簡共有五十三枚，其中三十七枚是完整簡，其餘有七枚上端殘缺，有三枚下端缺損，有二枚中間不全，有四枚折腰而斷但文字並無缺漏。因爲有好幾處文意不連貫，所以可能還有數枚的脫簡。在第五十三簡背面記有〈訟成氏〉的篇名，負責解讀的李零認爲，這是指《莊子‧胠篋》中最古的帝王容成氏，因而以〈容成氏〉爲篇名。

〈容成氏〉是以類似《莊子‧胠篋》、《太平御覽》卷七十六所引的《六韜》佚文或《周易正義》繫辭下所引的〈帝王世紀〉之古代帝王系譜爲開始。以下即是其內容：[2]

> …【尊】盧氏、赫胥氏、喬結氏、蒼頡氏、軒轅氏、神農氏、韋□氏、膚畢氏之有天下，皆不授其子而授賢。其德猶（悠）清，而上愛下，而一其志，而寢其兵，而官其材。

---

[2] 以下〈容成氏〉的引用取自《上海博物館藏戰國楚竹書(二)》（上海古籍出版社，二〇〇二年十二月）。但是同書的竹簡之排列存有許多疑問。因此本文依循《上海博物館藏戰國楚竹書(二)讀本》（萬卷樓，二〇〇三年七月）所收蘇建洲「容成氏譯釋」之文變更排列。又，雖然曾經根據同書所指或筆者淺見更改《上海博物館藏戰國楚竹書(二)》之釋文，但是因為篇幅有限，故省略逐一註記。

　　第一簡的開端雖然是由「【尊】盧氏」開始,但是所謂〈訟成氏〉的篇名應該是從首簡的開頭三個字而來,所以可能原本就是由〈容成氏〉開始的首簡。以下引用《莊子・胠篋》與《六韜》佚文中所記的古代帝王系譜作爲參考。

　　　　昔者容成氏、大庭氏、伯皇氏、中央氏、栗陸氏、驪畜氏、
　　　　軒轅氏、尊盧氏、祝融氏、伏犧氏、神農氏。當是時也,民
　　　　結繩而用之,甘其食,美其服,樂其俗,安其居,鄰國相望,
　　　　雞狗之音相聞,民至老死而不相往來。若此之時,則至治已。
　　　　(《莊子・胠篋》)

　　　　昔伯皇氏、栗陸氏、驪連氏、軒轅氏、赫胥氏、尊盧氏、祝
　　　　融氏,此古之王者也。未使民民化,未賞民民勸。此皆古之
　　　　善爲政者也。至於伏犧氏、神農氏,教民而不誅。黃帝、堯、
　　　　舜,誅而不怒。古之不變者。有苗有之,堯化而取之。堯德
　　　　舜,化而受之。舜德禹,化而取之。(《太平御覽》卷七十
　　　　六所引《六韜》佚文)

此三者若加以比較,在各自收錄的古代帝王名稱或先後關係中,可發現些許的差異。戰國時期製造了許多大同小異的古代帝王系譜,〈容成氏〉所記的系譜或許也是其中之一。

　　然而,無論是〈容成氏〉、《莊子・胠篋》或《六韜》的佚文,都倡導越遠古所實行的統治越理想的尚古思想。這雖然是三者極大的共通點,但是強調「皆不授其子而授賢」,亦即強調上古時代排除血緣繼承而禪讓賢者一事,則是〈容成氏〉的特色。因此,禪讓

正是〈容成氏〉所認為的理想的王朝更替形式。

其次，〈容成氏〉雖然敘述某位君王的治世，讚揚其「不賞不罰，不刑不殺。邦無飢人，道路無殤死者。上下貴賤，各得其事」，但是因為竹簡有所缺損，無法判明所指的是誰的治世。李零推測可能是位居堯舜之前的帝嚳。

接著，〈容成氏〉記載了堯的治世、堯禪讓給舜的過程、舜的治世、舜禪讓給禹的過程、禹的治世、殷湯伐夏桀的過程、周武王伐殷紂的過程等。因此〈容成氏〉的內容是由以下的九個部分構成：(1)上古帝王系譜，(2)被認為是帝嚳的治世，(3)堯的治世，(4)堯對舜的禪讓過程，(5)舜的治世，(6)舜對禹的禪讓過程，(7)禹的治世，(8)殷湯放伐夏桀的過程，(9)周武王排除殷紂王的經過。

二、〈容成氏〉中的禪讓

〈容成氏〉否定血緣繼承，以禪讓為理想，而可以具體見到以下的情形。被認為是帝嚳的君王，「匡天下之政，十有九年而王天下，三十有七年而泯終」，在位三十七年而歿。之後〈容成氏〉就換到堯時代的敘述。以下即是堯即天子之位的經過：

> 昔堯處於丹府與籬陵之間。堯賤施而時時賞，不勸而民力，不刑殺而無盜賊，甚緩而民服。於是乎方百里之中率，天下之人就，奉而立之，以為天子。於是乎方圓千里。立板正位，四向陳，和懷以來天下之民。其政治而不賞，官而不爵，無勵於民，而治亂不倦。故曰，賢及…堯是以視賢。履地戴天，篤義與信，會在天地之間，而包在四海之內，舉能其事，而

立爲天子。堯爲之教曰，自入焉，余穴窺焉，以求賢者而讓
焉。堯以天下讓於賢者，天下之賢者莫之能受也。萬邦之君
皆以其邦讓於賢…賢者。而賢者莫之能受也。於是乎天下之
人，以堯爲善興賢，而卒立之。

堯在帝嚳的時代，是一位封國在丹府與鬱陵之間的諸侯。他施行善
政，提高治績，結果在前王駕崩後，受天下人擁戴而即天子之位。
但是堯認爲普天之下或許有比自己更適任的人物，因此向天下尋求
應受禪讓的賢者。

　　首先，堯列出所謂賢者的條件：「履地戴天，篤義與信，會在
天地之間，而包在四海之內」。又宣佈「畢能其事，而立爲天子」，
亦即能符合賢者所具備的全部條件者，就將天子之位讓予其人。然
後，「自入焉，余穴窺焉，以求賢者而讓焉」，向天下公開招募應
受禪讓的賢者，而後暗中觀察應徵者的品行，確認其果真是符合所
有條件的賢者之後，將天子之位讓予其人。但是「堯以天下讓於賢
者，天下之賢者莫之能受也」，暗中觀察應徵者品行的結果，沒有
任何人合格。堯如此向天下公開招募應受禪讓的賢者，並親自觀察
應募者的行狀，而判爲皆不合適，此在歷來文獻中乃前所未見。

　　對於求賢禪讓而未果的堯，天下百姓認爲他是尊重賢者之人，
因而再次擁戴堯即天子位。這就是堯即天子之位的經過。目前所知
的堯舜禪讓傳說，總是偏重於舜單一方面的記述，將堯視爲只是禪
讓予舜而唐突登場的角色。[3]這樣的現象反映出對堯的出身非常難以

---

[3]　郭店楚簡〈唐虞之道〉對於堯的出身僅止於「古者堯生於天子而有天下」
的記述。

說明的情況。相較之下，〈容成氏〉有關堯的敘述則帶有特別鮮明的具體性。但是堯究竟是自父祖以來代代世襲的諸侯呢?還是受前王所封，從他這一代開始的諸侯呢?並不清楚。對於堯的出身詳加敘述，果然相當困難。

與堯的出身同樣留有模糊之面的，還有王位從前王傳給堯的過程。〈容成氏〉完全未提及前王是否留有子息，也沒有交代前王向堯表明禪讓之意一事。這樣看來，由前王至堯的王朝更替，既非血緣繼承，也不是篡奪或放伐，更不是禪讓。若從堯之後的禪讓事例全都提到有兒子存在一事來看，前王可能沒有兒子，而且隨其駕崩造成王位空懸。若是如此，則堯的即位自始就不是基於血緣或武力，而是基於他做為諸侯的治績提昇能力與實績。因此，廣義來說，堯的即位正是將王位讓予天下最有才德者的禪讓方式之一。況且，因為堯曾經宣佈若有比自己更適任者則願讓賢，並公開招募應受禪讓的賢者而未果，最後才就天子之位，所以這仍可算是禪讓的事例。

〈容成氏〉對於堯的治世做了以上的簡略記述之後，立刻將話題轉移到對舜的禪讓。與先前的禪讓傳說相較，〈容成氏〉中關於堯的記述雖然相當詳細，但是仍然將重點置於「堯乃禪讓予舜之人」的特質上。〈容成氏〉對於舜的出身與禪讓情形敘述如下:

> 昔舜耕於鬲丘，陶於河濱，漁於雷澤。孝養父母，以善其親，乃及邦子。堯聞之，而美其行。堯於是乎為十有五乘，以三從舜於畎畝之中。舜於是乎始免刈斷耨錙，謁而坐之，子堯南面，舜北面。舜於是乎始語堯天地人民之道。與之言政，悅簡以行，與之言樂，悅和以長，與之言禮，悅博以不逆。堯乃悅。堯…【堯乃老，視不明】，聽不聰。堯有子九人，

不以其子爲後。見舜之賢也，而欲以爲後。

舜在歷丘的山麓耕作，在黃河邊製作陶器，在雷澤捕魚，過著貧窮的生活。但是他卻能盡心孝養父母，其孝行連親戚的子弟與全國的子弟都受到感化。堯聽聞了舜的孝行，組織十五輛車的車隊，三度到田野中尋找正在耕作的舜。舜免除了謀生的勞動拜謁堯。堯爲天子，故南面而垂；舜爲臣下，故朝北而拱。舜對堯陳述他平日經常思考的安「天地人民之道」。堯與舜談及政治，舜回答崇尚真誠則容易推行；談及音樂，則說崇尚調和則可做爲長久教化的手段；談及禮，則說施用在廣泛的領域中可維持秩序。堯聽聞之後非常滿意而歸。其後，堯日益老衰。雖然堯有九個兒子，但是他並不想依據血緣而傳位其子，見舜是賢者，於是立舜爲天子。

之後，〈容成氏〉記述了舜的治世。在《上海博物館藏戰國楚竹書(二)》的排列中，舜的治績記載在第十五簡至第十七簡，只用三枚竹簡的篇幅記述完舜的治世，可能太過短少。從第二十三簡到第二十八簡前半，記述了禹的治水大業。第二十八簡後半至第三十簡，則記述了后稷振興農業、皋陶治理訟獄、質（夔）訂立音律等。這些都是他們做爲舜的臣下時期的事跡。因此，堯禪讓予舜的記述原本置於第十五簡之後的可能性很高。[4]

〈容成氏〉在舜的治世之後，記述舜禪讓給禹的過程如下：

當是時也，癘疫不至，妖祥不行，禍災去亡，禽獸肥大，草

---

[4] 筆者曾在〈新出土資料と中國思想史〉（大阪大學中國學會《中國研究集刊》別冊，二○○二年六月）中指出這樣的可能性。關於此點，蘇建洲〈容成氏譯釋〉中也有幾近相同的見解。

　　木蓁長。昔者天地之佐舜而佑善，如是狀也。舜乃老，視不
　　明，聽不聰。舜有子七人，不以其子爲後。見禹之賢也，而
　　欲以爲後。禹乃五讓以天下之賢者，不得已，然後敢受之。

〈容成氏〉以「昔者天地之佐舜而佑善，如是狀也。」稱讚舜的治
績之後，記述舜雖有兒子七人，卻不想依據血緣傳王位給他們，見
禹是賢德之人，想將王位讓予禹。禹則認爲天下還有比他更適任的
賢人，曾五度辭拒，但因無法辭退而接受。於是開始了禹統治天下
的時期，〈容成氏〉描述其況如下：

　　禹聽政三年，不製革，不刃金，不略矢，田無察，宅不工，
　　關市無賦。禹乃因山陵平濕之可封邑者，而繁實之。乃因邇
　　以知遠，去苛而行簡，因民之欲，會天地之利矣。是以近者
　　悅治，而遠者自至，四海之內，及四海之外，皆請貢。禹然
　　後始爲之號旗，以辨其左右，思民毋惑。東方之旗以日，西
　　方之旗以月，南方之旗以蛇，中正之旗以熊，北方之旗以鳥。
　　禹然後始行以儉。衣不褻美，食不重味，朝不車逆，舂不毇
　　米，宰不折骨…。

　　禹即位之後三年內，停止製造兵器，不監督田野的收穫量，不
在都城增建宮殿，免除關隘和市集的賦稅，在山陵或溼地尋找可興
建城邑的地點，在地方施行都市建設，廢止繁苛的制度簡化行政。
結果，不只是四海之內，連四海之外的人也都願意朝貢。禹見到這
種情形，製作了代表中央與東南西北方向的令旗，確定天下各個區
域。之後，禹提倡節儉政策，並率先力行儉約。在如此描述禹的治

績之後,〈容成氏〉接著記述禹想禪讓的經過。

> 禹有子五人,不以其子爲後。見臯陶之賢也,而欲以爲後。
> 臯陶乃五讓以天下之賢者,遂稱疾不出而死。禹於是乎讓
> 益。啟於是乎攻益自取。

禹雖然有五個兒子,卻不想依據血緣來傳位,見臣子臯陶是賢人,
想把王位讓給臯陶。但是臯陶堅拒了五回之後,稱病退隱而死。於
是禹將王位禪讓給臣子伯益。然而禹的兒子啟對此懷抱不滿,出兵
攻打伯益,用武力篡奪王位而逕自即位。

　　《孟子》〈萬章上〉以「禹薦益於天七年。禹崩。三年之喪畢。
益避禹之子於箕山之陰。朝覲訟獄者,不之益而之啟曰,吾君之子
也。謳歌者,不謳歌益而謳歌啟曰,吾君之子也。」,來說明伯益
顧慮啟而隱居,天下之人心也歸向啟,所以啟即天子之位。《史記‧
五帝本紀》的說明也幾乎相同。然而〈容成氏〉卻說啟使用武力從
伯益處奪取王位,與已知的說法差異甚大,值得注意。

　　若依從《孟子》或《史記》的說明,禹想依循歷代前例,同樣
地以禪讓進行王朝更替。結果未能如願反而轉變爲血緣繼承的原
因,在於伯益堅辭與人心歸啟。若是這樣,就如孟子所辯護般,「丹
朱之不肖,舜之子亦不肖。舜之相堯也,歷年多,施澤於民久。啟
賢能敬承繼禹之道。益之相禹也,歷年少,施澤於民未久。舜禹益
相之久速,其之子賢不肖,皆天也。非人之所能爲也。莫之爲而爲
者,天也。莫之致而至者,命也。」(《孟子‧萬章上》)這是已
經超越世人評價的「天」「命」之作爲。事實上,孟子做完上述的
辯護之後,又假借孔子之口,「孔子曰:『唐虞禪,夏后殷周繼,

其義一也。』」，對於禪讓與血緣繼承都予以肯定。

　　但是若依從〈容成氏〉的說明，事情就截然不同。禹想維持以禪讓實行王朝更替的前例，讓王位給伯益，這一點與《孟子》或《史記》無異。但是〈容成氏〉認為禪讓未能實現的原因，在於禹的兒子啟攻打伯益、奪取王位，而其後的夏王也代代以血緣世襲。這樣一來，要像孟子所辯稱，從禪讓到世襲的轉變是天命所為，已完全不可能。依禪讓而成的王朝更替，這個從古代帝王以來延續不斷的理想形態因而斷絕，其後也不曾再重現。這種惡質歷史的展開，正是違背父王禹的遺志、以放伐篡奪王位的啟的惡行所致。因此〈容成氏〉不能像孟子那樣對禪讓與放伐都予以肯定。

三、〈容成氏〉中的放伐

　　接著，我們來看看與禪讓正好相反的放伐之情形。〈容成氏〉記述殷湯伐夏桀的過程如下：

> 王天下十有六世而桀作。桀不述其先王之道，自為畸。…【夏】氏之有天下，厚愛而薄斂，安身力已勞百姓。當是時，強弱不治擾，眾寡不聽訟，天地四時之事不脩。湯乃輔為征籍，以征關市。民乃宜怨。虐疾始生。於是乎有罵聾跛眇癭疴僂始起。湯乃謀，戒求賢，乃立伊尹以為佐。伊尹既已受命，乃執兵禁暴，佯得于民，述迷而不量其力之不足。起師以伐峳山氏，取其兩女琰琬妖北，去其邦，杆為昌宮，築為璿室，立為玉門。其驕大如是狀。湯聞之，於是乎慎戒陞賢，德惠不贏，孤三十年而能之。如是而不可，然後從而攻之。陞自

武逐，內自北門，立於中宵。桀乃逃之高山氏。湯又從而攻
之，降自鳴條之逐，以伐高神之門。桀乃逃之南巢氏。湯又
從而攻之，逐逃，去之蒼梧之埜。湯於是乎徵九州之師，以
批四海之內，於是乎天下之兵大起，於是亡宗戮族殘群，爲
服。…是以得眾而王天下。

自禹建立夏朝起，經過十六代之後，由桀即位。桀不遵循先王之道
而特立獨行，於是天下開始混亂。湯一邊假意輔佐桀，一邊製作課
稅帳冊在關口與市集徵稅，以助長惡政。果然民怨四起，又發生疫
病，其後遺症致使身體殘障者大增。湯於是行使陰謀，勸誡桀應該
晉用賢才，並且將心腹伊尹送去輔佐桀。

伊尹接受湯的密令，佯裝夏朝擁有強大的軍隊，使桀產生錯覺，
然後慫恿桀派軍遠征。被矇蔽的桀於是出兵攻打崏山氏，擄回其女
二人為妻，並且為她們興建豪華的宮殿。湯聽說桀日益驕慢，自己
就晉用賢才、公平施恩，以收攬人心。見時機成熟之後，湯就以無
法棄天下於不顧為由，聲討桀的荒虐無道，策反人心，然後出兵攻
伐桀。

湯從武逐上攻，由北門攻入都城，而後站在城門中間，展現自
己已成為該城城主。首都被攻陷的桀雖然逃到高山氏的領土，湯卻
乘勝追擊，從鳴條下攻高神之門，於是艱辛脫困的夏桀又逃到南巢
氏的領土去。然而湯不斷追擊，桀只好逃到蒼梧之野。湯於是徵集
九州的兵力，在全天下進行大規模的掃蕩戰，夏王朝的宗族與支持
者都被趕盡殺絕，最後天下底定，建立殷王朝。

這即是〈容成氏〉中所記由夏而殷的王朝更替的過程。應當留

意的是，其中完全見不到諸如天誅桀王或殷湯領受天命之類的記述。因此，這次的改朝換代是以與天之意志無關的形式進行。也就是說，由夏至殷的王朝更替並不是天命有所改變的革命，只不過是以人類意志進行的放伐而已。

其次應該注目的是湯的陰狠惡毒。桀不從先王之道，其責確實難免。但是湯使用奸計陷害桀，使惡政更變本加厲，造成夏朝聲望下落，怨聲載道。這種手段的狡猾惡劣，是夏桀所比不上的。更甚者，堅持實行斬草除根的掃蕩戰以滅絕夏朝宗族，也是極其殘忍的做法。儘管《墨子》曾以「昔三代聖王，禹湯文武，此順天意而得賞也」（〈天志上〉）來稱讚殷湯是順從天意的聖王。但是〈容成氏〉中所描述的湯王行徑，絲毫感覺不到有任何配稱聖王的要素。從「皆不受其子而受賢。其德猶（悠）清，而上愛下，而一其志，而寢其兵，而官其材」的記述來看，〈容成氏〉顯然認爲禪讓正是王朝更替的理想形式，因此對於與禪讓完全相反的放伐，〈容成氏〉自然是採取否定的態度。將湯王描述成心狠手辣的陰謀家，也正是這種立場的反映吧。再者，〈容成氏〉對於湯王的治績完全沒有隻字片句，只說「湯王天下三十有一世而受作」，一下子就將話題跳到受（紂王）的登場。這種對湯王的冷淡態度，也是對放伐採取否定姿態的表現吧。

另一個關於放伐而應該留意的點是，〈容成氏〉以「不以其子爲後」稱讚禪讓，由此立場來看，不僅是放伐，連依據血緣的王位世襲也被否定。這是因爲王位血緣世襲的開始，是從禹的兒子啓攻打伯益、篡奪王位再逕自即位而來。其後，王位世襲的再次展開，是由湯以放伐滅亡夏朝建立殷朝而來。也就是說，若依從〈容成氏〉的記述，在均應被否定的放伐與血緣世襲之間，潛存著以下的因果

關係：血緣世襲以放伐爲契機而開始，持續血緣世襲的王朝又是因放伐而滅亡。〈容成氏〉將啓描述爲違背父親遺志的篡奪者，將湯描述爲冷酷毒辣的篡奪者，都是基於想要暗示出上述因果關係的意圖。

四、〈容成氏〉中的殷周交替

〈容成氏〉以禪讓爲王朝更替的理想，否定放伐與血緣世襲。那麼〈容成氏〉又是如何描述藉由放伐而實行的殷周革命呢?以下是〈容成氏〉中記述的過程：

> 湯王天下三十有一世而受作。受不述其先王之道，自爲時爲於其政。治而不賞，官而不爵，無勵於民，而治亂不收。故曰，賢及……【於】是乎作爲九成之臺，置盂炭其下，加絷木於其上，思民蹈之，能遂者遂，不能遂者入而死。不從命者從而桎梏之。於是乎作爲金桎三千。既爲金桎，又爲酒池，厚樂於酒。溥夜以爲淫，不聽其邦之政。於是乎九邦叛之。豐鎬郍鄗于鹿耆崇密須氏。文王聞之曰，雖君亡道，臣敢勿事乎，雖父亡道，子敢勿事乎。執天子而可反。受聞之，乃出文王於夏臺之下，而聞焉曰，九邦者其可來乎。文王曰，可。文王，於是乎素端褰裳以行九邦，七邦來服，豐鎬不服。文王乃起師以嚮豐鎬。三鼓而進之，三鼓而退之曰，吾所知多矣。一人爲亡道，百姓其何辜。豐鎬之民聞之，乃降文王。文王時故時而教民時，高下肥磽之利盡知之。知天之道，知地之利，思民不疾。昔者文王之佐受也，如是狀也。

　　自湯建立殷朝起，經過三十代之後，紂王即位。紂王不遵循殷歷代先王的作為，表現出離經叛道的舉止。他建造九成之臺，施用炮烙之刑苛刻百姓；為了拘禁不服從者，大量製作金屬製的枷鎖；又建造酒池，耽於淫樂，狂歡達旦，不顧國政。結果，有九位諸侯起兵造反。

　　文王聽聞此事後說：「雖君亡道，臣敢勿事乎，雖父亡道，子敢勿事乎。孰天子而可反」，嚴厲批判反亂之軍。紂王知道後心生歡喜，召文王到夏臺之下來問：「以你的力量能使反叛的九邦歸順嗎?」文王回答：「可以。」於是文王身穿粗劣的衣服，巡迴九邦進行說服。結果，果然成功地使七邦入朝歸順，只有豐與鎬仍拒絕降服。

　　於是文王率領自己的軍隊，向豐與鎬開始進兵。在檢閱軍隊訓練完成的成果之後，文王訓令各軍，即使首謀者有罪，一般百姓仍應無罪釋免。豐與鎬的民眾聽說之後，紛紛向文王降服。文王教導民眾四季時令，廣博其見識，振興農業，盡力於安定民生。〈容成氏〉舉出這些功績，以「昔者文王之佐受也，如是狀也」，來彰顯文王的忠君勤民。相較於傳世文獻大多將焦點置於紂王軟禁文王於羑里等兩人的緊張關係上，〈容成氏〉對文王到最後仍身為紂王之忠臣的敘述，是前所未見的特色，值得注目。

　　接著，〈容成氏〉又對所謂殷周革命的經過做了以下的敘述：

　　　　文王崩，武王即位。曰，成德者，吾說而代之。其次吾伐而
　　　　代之。今受為無道，昏捨百姓，制約諸侯。天將誅焉。吾勵
　　　　天威之。武王於是乎作為革車千乘帶甲萬人。戊午之日，涉

於孟津，至於共滕之間。三軍大範。武王乃出革車五百乘帶
甲三千，以少會諸侯之師於牧之埜。受不知其未有成政，而
得失行於民之朕也。或亦起師以逆之。武王於是乎素冠冕，
以告閟于天曰，受為亡道，昏捨百姓，制約諸侯，絕種侮姓，
土玉水酒。天將誅焉。吾勵天威之。武王素甲以陳於殷郊。
而殷…。

文王去世之後，武王即位，宣布「成德者，吾說而代之。其次吾伐
而代之。今受為無道，昏捨百姓，制約諸侯。天將誅焉。吾勵天威
之」。依據〈容成氏〉如上所述，武王的首要目的，是說服殷紂王
將天子之位禪讓給有德之人；若紂王不聽勸說，再使用武力逼迫紂
王退位，將王位強制禪讓給有德者，因此是兩階段的計劃。也就是
說，這是以武力為背景的強行禪讓，而且禪讓的對象並非武王本人。
〈容成氏〉只是藉武王之口來陳述天有意誅紂，絕未說文王或武王
領受立周代殷的新天命。

　　武王率領革車千乘、帶甲一萬的大軍渡過孟津之後，撥出革車
五百乘、帶甲三千的部分兵力，與前來支援的諸侯軍隊訂盟約誓。
這樣的示威行動也只是對紂王傳達用武力威嚇以促其反省，尚無意
發動總攻擊之意。因此，在〈容成氏〉中，牧野之戰並不存在。但
是紂王卻在正應反省之際，「起師以逆之」，動員大軍準備迎擊。
於是武王穿戴素衣素冠，向上天稟報其憂慮，聲討紂王的無道，並
宣布將承奉天意令紂王退位的決心。武王從牧野舉兵，首度換著軍
服，表明不惜行使武力的決心，在殷都的郊外布設陣仗。

　　雖然其後的竹簡有所欠缺，但是僅就〈容成氏〉至目前為止的
描述來看，武王對紂王並無自始就發動全面戰，無論如何一定要誅

滅殷朝的意志。他尊重父親文王至死仍爲紂王忠臣的遺志，一面逼迫紂王反省，一面慎重地按照階段準備進軍。其後的記述也許是，武王以武力排除紂王之後，向天下尋求賢者，欲使其人就天子之位，但可能沒有尋獲，或是被一一辭退，而武王本身又受到諸侯擁戴，所以不得不自行即位。

〈容成氏〉這樣的記述內容，與傳世文獻所記載的殷周革命過程差異甚大。若僅限於依從〈容成氏〉的說明，由殷而周的王朝更替並不是周文王、武王承受天命而進行的革命，而且武王當初的意圖是想從天下找出有德者以取代紂王。因此，武王的行爲僅止於強行禪讓，基本上仍可說是禪讓路線的延長。但是因爲最後仍然是以武力排除紂王，所以無法否定其放伐的一面。

那麼〈容成氏〉爲什麼要將殷周革命描述成性質如此複雜的事件呢？

五、放伐與禪讓

在檢討這個問題之前，想先確認《書經》、《詩經》、《史記》等傳世文獻如何記述殷周革命。首先來看《書經》的記述：

> 天佑下民，作之君，作之師。惟其克相上帝，寵綏四方。有罪無罪，予曷敢有越厥志。（中略）商罪貫盈。天命誅之。予弗順天，厥罪惟鈞。予小子夙夜祇懼，受命文考，類于上帝，宜于冢土，以爾有眾，底天之罰。（《書經·泰誓上》）

這是武王在孟津與諸侯約誓時所說的話。武王以「天佑下民，作之

君，作之師」來說明上天指名自己成為取代紂王的新君主。接受上天的指名之後，「惟其克相上帝，寵綏四方」，武王認為自己負有承奉天意、安治天下的責任。但是因為天命下予己只是武王單方面的主張，恐怕會招致武王不過是想從紂王處篡奪王位的批判。所以武王又以「有罪無罪，予曷敢有越厥志」，做為面對上述批判時自我正當化的說辭。其他諸如「天命誅之。予弗順天，厥罪惟鈞」的發言，也是說明上天命令武王誅殺紂王，若不實行則與紂王同罪，仍然是以天命為擋箭牌、正當化放伐與篡奪的藉口。此外，武王更以「受命文考」來說明放伐也是父親文王的遺志，一再地正當化自己的行為。

但是泰誓是後人偽造的古文，只能憑供參考。接著，我們來看《史記·周本紀》的記述：

（A）武王乃作太誓，告于眾庶，今殷王紂乃用其婦人之言，自絕于天。（中略）今予發維共行天之罰。

（B）尹佚筴祝曰，殷之末孫季紂，殄廢先王明德，侮蔑神祇不祀，昏暴商邑百姓，其章顯聞于天皇上帝。於是武王再拜稽首。曰膺更大命，革殷。受天明命。武王又再拜稽首，乃出。

首先在(A)中，武王想以天意來自我正當化，所以說上天想要放棄紂王並誅殺之，自己則是敬慎執行天罰。(B)則是史官對於牧野會戰大捷、進入殷都朝歌城的武王所說的祝賀之辭，說明紂王的暴虐無道

上達天聽，以及武王接受取代殷朝統治天下的天命之事。因此，由殷而周的王朝更替，《史記‧周本紀》也是說明其爲天命變更的革命。那麼《詩經》又是如何說明的呢？

> 穆穆文王，於緝熙敬止。假哉天命，有商孫子。商之孫子，其麗不億。上帝既命，侯于周服。（《詩經》〈大雅文王‧文王〉）

> 有命自天，命此文王。于周于京，纘女維莘。長子維行，篤生武王。保右命爾，燮伐大商。（《詩經》〈大雅文王‧大明〉）

> 綏萬邦。婁豐年。天命匪解。桓桓武王，保有厥士。于以四方，克定厥家。於昭于天，皇以間之。（《詩經》〈周頌閔予小子‧桓〉）

最前面的〈大雅文王‧文王〉一節，說明上天降下天命給文王，命令周朝統治殷朝的百姓。其次的〈文王‧大明〉一節，則說明文王接受天命之後，後繼的武王也同樣得到天佑而討伐殷商。最後的〈周頌閔予小子‧桓〉一節，則是歌詠武王的德行上達天聽，於是上天降命，令其取代殷朝成爲地上之王。

　　《詩經》如此說明了先是文王接受天命，然後武王踵繼父親遺志，也同樣接受天命討伐殷朝、建立周朝。亦即，《詩經》中對於由殷而周的王朝更替，也認爲是受天命而實行的革命，因而強調其正當性。

　　一如到目前所見，《書經》、《詩經》、《史記》等傳世文獻都以革命來說明殷周更替的性質。相對於此，〈容成氏〉對於文王時已經接受天命等事完全不置一詞。因為〈容成氏〉中所描述的文王，直到最後都是紂王的忠臣，並且率先到各地平定叛亂，所以文王理所當然沒有接受伐殷的天命。再者，根據〈容成氏〉所記，武王的目的在於威嚇紂王，使其禪讓王位予有德者，所以自始就不會有殷周更替的意圖。這是因為對有德者的禪讓若能實現，就會變成由有德者取代殷商而建立新王朝。因此，從武王即位起到排除紂王為止，這段期間天命也沒有降予周。所以〈容成氏〉只以「天將誅焉」來說明，絕對不說是武王接受天命才開始伐殷。

　　〈容成氏〉在最後的部分有數枚的脫簡。因此無法得知武王放棄擁立有德者、開始建立周朝時，舉出怎樣的理由以求正當化？其後的結構很可能是，武王在面臨無法找出有德者或是有德者相繼拒絕的情形下，才宣布自己接受天命。但是，至少直到排除紂王之時為止，文王與武王確實都沒有接受天命。在這一點上，〈容成氏〉對於殷周更替的說明，與傳世文獻的說明大相逕庭。

　　傳世文獻之中，《詩經》與《書經》是先於〈容成氏〉的著作。前面所引用的《書經·泰誓》雖然是偽造的古文，但是從《史記·周本紀》的內容中可以推測出，原本的泰誓篇的內容與此非常相近，在春秋戰國時期應該已經寫成。即使《書經》不被列入考慮，至少《詩經》在〈容成氏〉之先是無庸置疑的。況且，《論語》中散見著孔子尊重《詩》的言論；郭店楚簡中的〈六德〉也可見到「觀諸詩書則亦在矣。觀諸禮樂則亦在矣。觀諸易春秋則亦在矣。」等將詩、書、禮、樂、易、春秋並稱的記述；〈語叢一〉也有「詩所以會古今之志也者」的《詩》之解說；上博楚簡〈孔子詩論〉中也有

孔子評論詩之記述。從上述事實來判斷，戰國時期的儒家將《詩》視為經典一事是真確的。

這樣看來，《詩經》的說明以革命來論定殷周更替的性質並予以正當化，對儒者而言應該是要遵循的規範。儘管如此，〈容成氏〉為何脫離《詩經》的立場，採取與《詩經》截然不同的說明呢？[5]

最大的原因在於〈容成氏〉認為王朝更替的理想形態應該是禪讓。如果王朝更替否定血緣世襲而只依禪讓進行的話，王朝不會經歷數個世代依然存續，所有的王朝都會在當代終結。在這個意義上，禪讓與血緣世襲是完全對立的模式。再者，因為禪讓是前王從天下拔擢有德者而讓予王位的行為，所以沒有武力介入的餘地。在這個意義上，禪讓與放伐也成為對立的模式。就血緣世襲與放伐都處在禪讓的對立端來看，兩者是同類，因為只要禪讓繼續實行，血緣世襲也好，放伐也好，絕對不會發生。

若照這樣的價值標準來評定殷周更替，既然是伴隨流血的放伐，〈容成氏〉也就不得不給予殷周革命否定的評價。但是文王與武王對儒家來說，是無從批判只應讚賞的偉大君王。孔子以「文王既沒，文不在茲乎」（《論語・子罕》），以及「莫不有文武之道焉。夫子焉不學」（《論語・子張》），將文王與武王尊為理想的君主。同樣地，孔子也以「三分天下有其二，以服事殷。周之德，其可謂至德也已矣」（《論語・泰伯》），或是「周監於二代，郁郁乎文哉。

---

[5] 上博楚簡〈孔子詩論〉的《大雅皇矣・大明》之中，有「懷爾明德，誠謂之也。有命自天，命此文王，誠命之也。信矣。孔子曰，此命也夫。文王唯裕也，得乎此命也」，借孔子之口強調文王受天命之事。如前所述，儘管《詩經》再三明言文王受命，但〈孔子詩論〉中重新將此事之真偽視為問題，在此背景下存在著如〈容成氏〉般否定文王受命的文獻。

吾從周」（《論語・八佾》），將周王朝理想化。

　　〈容成氏〉若是對殷周革命給予否定的評價，必然對文王、武王或周王朝也不得不予以否定。但是只要身爲儒家，就不可能顯露出這樣的姿態。也就是說，一方面讚賞只有禪讓是王朝更替的理想形態，一方面又想肯定文王、武王或周王朝是理想的君王與王朝，這樣的立場會引起嚴重的矛盾。

　　〈容成氏〉的作者確實面臨了這樣的矛盾。因此對於殷周革命，〈容成氏〉的作者並不將其描述爲文王自始就領受天命的革命，而是將其描述爲逼迫紂王退位、將王位讓予有德者的強迫禪讓。若這樣設定武王的意圖，則即使以武力爲背景，殷周革命的基本精神在廣義上仍然依循著禪讓路線，因而可予肯定。況且，因爲不是主張領有天命而自始就想取代殷朝，所以也可防止武力篡奪君位之批評，就如《孟子・梁惠王下》所見到的：「齊宣王問曰：『湯放桀，武王伐紂，有諸？』孟子對曰：『於傳有之。』曰：『臣弒其君可乎？』」。

　　但是在此產生一個疑問。〈容成氏〉若是以殷周更替在意圖上是一種禪讓來爲周朝辯護，對於先前的夏朝與殷朝又要如何處理呢？夏朝因爲舜對禹的禪讓而產生，所以夏朝的成立過程依〈容成氏〉的價值標準來看可以予以肯定。此外，夏朝的創立者・禹原先也想禪讓給皋陶，被其堅辭之後才又禪讓給伯益。因此，如果只就禹這一代的治世來看，禹仍可被肯定爲維持禪讓路線的君王。由於夏朝放棄禪讓路線，變質惡化爲血緣世襲是在啓攻打伯益篡奪君位之後才開始，所以禹並沒有直接的責任。

　　那麼殷朝又如何呢？如同先前所介紹般，〈容成氏〉認爲夏殷更替的過程中並沒有上天的意志介入。藉由這樣的安排，〈容成氏〉

想要暗示殷朝不是依據上天意志而成立一事。況且,〈容成氏〉中登場的湯王,安插伊尹助長桀王作惡多端,以策反天下民心;又對夏王朝的宗族或支持者趕盡殺絕等,被描述成狠毒的陰謀家。雖然周文王也對殷紂王竭盡忠誠,但是那是基於「雖君不君、臣不可不臣」的正義感的作為,與湯王佯裝忠臣、唆使桀王為惡的作為,本質上完全相異。

因此,對於既沒有天命的承認,也沒有禪讓的要素,僅只是憑藉陰狠毒辣的奸計與殘虐的放伐而推進的殷朝成立過程,〈容成氏〉沒有給予任何評價。況且〈容成氏〉中也沒有隻字片語記述湯王在治世結束時表示禪讓之意,所以就此意義來說,湯王是完全無法評價的君王。

最初《論語》中記錄了孔子極度讚揚禹的言論,如:

> (1)子曰:「巍巍乎,舜禹之有天下也,而不與焉。」
> (〈泰伯〉)

> (2)子曰:「禹吾無間然矣。菲飲食而致孝乎鬼神,惡衣服而致美乎黻冕,卑宮室而盡力乎溝洫。禹吾無間然矣。」(〈泰伯〉)

相反地,孔子自己讚賞湯王的言論並不存在,而且只記錄了子夏的讚辭:

> 子夏曰:「富哉是言乎。舜有天下,選於眾舉皋陶,不仁者遠矣。湯有天下,選於眾舉伊尹,不仁者遠矣。」(〈顏淵〉)

即使〈容成氏〉對湯王採取否定的態度,但是因爲這並沒有直接無視孔子的讚辭,而且這也並不成爲對堯、舜和禹、文、武三王的否定,所以沒有引起(當時儒者)對〈容成氏〉的強烈抗拒感。

但是即便如此,儒家的一般態度仍是將湯王視爲與禹、文王武王並列的三代之君王而加以讚賞。在這之中,將湯王描述爲只是陰險的陰謀家,對於其治績未置一語,〈容成氏〉的態度顯得極度異例。由此也可窺知,〈容成氏〉的作者對於禪讓的執著,與對於放伐或血緣世襲的反感是多麼的強烈。

經由郭店楚簡與上博楚簡的發現,可以瞭解到在春秋末期至戰國中期的儒家之間,針對禪讓或放伐‧革命之正當性的議論超乎想像地盛行。郭店楚簡的〈唐虞之道〉或上博楚簡的〈子羔〉、〈容成氏〉都處理到這個問題。[6] 其中〈唐虞之道〉的立場較爲極端。曰:「唐虞之道,禪而不傳」、「禪而不傳,聖之盛也」,或是:

> 禪也者,上德授賢之謂也。上德則天下有君而世明。授賢則民興教而化乎道。不禪而能化民者,自生民未之有也。
> (〈唐虞之道〉)

認爲唯有禪讓是王朝更替的理想而予以讚賞。

若站在〈唐虞之道〉的立場來看,自舜禪讓給禹之後的歷史都是放伐與血緣世襲的惡劣歷史,不得不全面予以否定。但是這樣一

---

[6] 對於〈子羔〉集著作之大成的看法,仍有檢討之餘地。關於此問題的詳細情形,請參照福田哲之〈上海博物館藏戰國楚竹書《子羔》の再檢討〉(《新出土資料と中國思想史》所收)。

來，就與將文王・武王稱爲理想先王、將周稱爲理想國家的儒家立場有所矛盾。於是〈唐虞之道〉的作者將話題集中在堯對舜的禪讓，不觸及禹之後的歷史，欲以此方法來迴避這個矛盾。但是這終究不出姑息逃避的領域，無法成爲根本的解決之策。[7]

對此，〈容成氏〉的立場是，一方面敘述從〈容成氏〉直到武王的歷史，對於放伐或血緣世襲的事例亦不迴避，一方面貫徹其認爲禪讓正是理想的王朝更替之主張。與隨其所好揀擇歷史的〈唐虞之道〉相較，〈容成氏〉這樣的姿態是堂堂正正地依據自己的價值觀展開歷史評價，其意義可予以肯定。

但是在〈容成氏〉的嘗試中也仍然留有一些課題。第一，對湯王的否定評價仍是與儒家的立場有所牴觸。第二，是對於周朝也是維持血緣世襲之事實的處理。由於〈容成氏〉在末尾部分有數枚的脫簡，所以無法得知作者對於周朝的血緣世襲表明怎樣的態度。若是給予否定的評價，與自孔子以來將周朝視爲理想國家的儒家立場，就不得不產生齟齬。若是沒有表明任何態度，就是甘於採取類同〈唐虞之道〉的逃避行爲。

爲了克服這樣的課題，無論禪讓或放伐，所有的王朝更替都必須加以處理；另一方面則有必要建立對堯、舜、禹、湯、文、武等古代先王全都能加以肯定的理論。孟子的論說，如：

> 萬章問曰：「人有言。至於禹而德衰，不傳於賢而傳於子。有諸？」孟子曰：「否，不然也。天與賢則與賢，天與子則

---

[7] 關於此點，請參照拙稿〈郭店楚簡《唐虞之道》著作意図--禪讓と血緣相続をめぐって〉（《大久保隆郎教授退官記念論集 漢意とは何か》東方書店， 二〇〇一年十二月）。

　　與子。」」「孔子曰：「唐虞禪，夏后殷周繼，其義一也。」
（《孟子·萬章上》）

或是：

　　曰：「臣弒其君可乎？」曰：「賊仁者謂之賊。賊義者謂之
殘。殘賊之人，謂之一夫。聞誅一夫紂矣，未聞弒君也。」
（《孟子·梁惠王下》）

這是回答這樣課題的一個嘗試。[8]（請參照附圖）

---

[8] 如最初所述，上博楚簡的書寫年代是在公元前三七三年至公元前二七八年之間。原著的成立時期，從抄本的書寫年代回溯可知，〈容成氏〉在戰國前期（公元前四〇三年～前三四三年）至戰國中期（公元前三四二年～前二八二年）之間已經成立。另一方面，孟子的活動時期被推定約在公元前三二〇年左右至前三〇〇年左右。因此〈容成氏〉很可能是在孟子之前的文獻。〈萬章〉的疑問：「人有言。至於禹而德衰，不傳於賢而傳於子。有諸。」，也是根據類似〈容成氏〉的文獻之記述所發。

附圖：〈唐虞之道〉、〈容成氏〉、《孟子》三者之比較

A 對於王朝更替的立場

B 歷史之輪廓……堯、舜、禹是禪讓；湯、武是放伐；夏、殷、周
是世襲。

三者在 A 與 B 之間如何調適？

〈唐虞之道〉

A 唯有禪讓是王朝更替的理想形式

    |
    | 只採納唐虞加以讚賞/不觸及不相容的部分/
    ↓

B 堯 ─── 舜 ─── 禹 ─── 湯 ─── 文、武

* 雖然對三代之先王不予否定，但是無法處理整體的歷史輪廓。天
命不介於其間。

〈容成氏〉

A　唯有禪讓是王朝更替的理想形式

變更歷史過程　│　加以價值評價

B　上古帝王 ─譽？─堯 ─ 舜 ─ 禹 ─ 湯 ─ 文、武

* 雖然能夠處理整體的歷史輪廓，卻不得不否定湯王。上天的誅殺
　只對紂王施行。

《孟子》

A　對於禪讓與血緣世襲均予肯定。對於放伐，也以上天的誅殺取代
　之而予以認可。

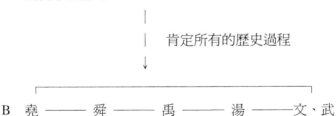

│　肯定所有的歷史過程

B　堯 ─── 舜 ─── 禹 ─── 湯 ───文、武

* 能夠處理整體的歷史輪廓，同時也可以肯定所有的古代先王。
　以天、命、天命做為正當化的論據。王朝更替的理想形式消失。

第六章

〈魯邦大旱〉的「名」

一

　　上博楚簡〈魯邦大旱〉全部有六部竹簡，現存的文字數共有 208 字。竹簡的上下端呈現弧形，編線有三道。第六簡的中間有墨節其下空白。第一、第二、第五、第六部簡下端各有殘缺亡佚，第三、第四部竹簡則是完整。完整的竹簡長度大約為 55 ㎝ 左右。本來並無篇名。篇名〈魯邦大旱〉之名是取第一簡的開頭四個字而成的。字體、竹簡的長度、上下端的形狀等等都和〈孔子詩論〉〈子羔〉一致，因此推測其為同冊。以下是全文：[1]

> 魯邦大旱。哀公謂孔子、子不爲我圖之。孔子答曰、邦大旱、毋乃失諸刑與德乎。唯……（1）
> 【哀公曰】……【如】之何哉。孔子曰、庶民知說之事、視也。不知刑與德。如毋薆珪璧幣帛於山川、正刑與【德】……

---

[1] 〈魯邦大旱〉該文的引用出處為《上海博物館藏戰國楚竹書》第二分冊的釋文。為便於理解，有部分文字以現在通行的字體加以取代。為求版面清爽於是不一一標記。

（2）

出遇子貢曰、賜、爾聞巷路之言、毋乃謂丘之答非歟。子貢
曰、否也。吾子若重名[2]（命）其歟。如夫正刑與德、以事上
天、此是哉。若夫毋蔓珪璧（3）

幣帛於山川、毋乃不可。夫山石以爲膚、木以爲民。如天不
雨、石將焦、木將死。其欲雨或甚於我。何必恃乎名乎。夫
川水以爲膚、魚以（4）

爲民。如天不雨、水將涸、魚將死。其欲雨或甚於我。何必
恃乎名乎。孔子曰、於呼……（5）

公豈不飽粱飫肉哉也。無如庶民何■。（6）

接著，探討關於竹簡的接續問題。第一簡的開頭是從「魯邦大旱。
哀公謂孔子、子不爲我圖之」以這樣的場面展開文章。因此無庸置
疑這裡是全文的起頭。第一簡的下端部分殘缺和第二簡的開頭無法
連貫。該情形亦發生在第二簡與第三簡、第五簡和第六簡的連接部
分。故推斷第一簡和第二簡、第二簡與第三簡、第五簡和第六簡之
間可能有脫簡的情形發生。第三簡與第四簡、第四簡與第五簡因其
各爲完整竹簡且文意相通，可以斷定第三簡、第四簡、第五簡的排
列順序正確無誤。第六簡的中間部分有墨節（■）而其下留白。由此可
確定，第六簡是該篇的篇末。

故可知《上海博物館藏戰國楚竹書》第二分冊（上海古籍出版
社，2002 年）裡竹簡的排列順序是正確的。

---

[2] 該處的原文爲「命」，在《上海博物館藏戰國楚竹書》第二分冊裡被釋讀
爲「名」。又，「名其」是「其名」的誤倒。

二

其次，考證〈魯邦大旱〉的內容。根據《春秋》的記載「秋八月大雩」，哀公 15 年（前 480 年）魯國發生大旱災。魯哀公向孔子尋求對策。孔子回答：國家發生大旱災的原因，乃是由於正確地裁斷刑與德的政治歸於失敗之故。第一簡的後半亡佚，根據前後文加以推測的話，應是孔子規勸哀公反省自己的失政，只要能夠正確地裁斷刑與德，則會天降甘霖等的內容。

第一簡裡看不到關於乞雨祭祀儀式的記載。但第二簡裡已經開始有討論正「刑德」的政治及乞雨祭祀活動孰優孰劣的論述。故可推論第一簡的下端有所亡佚，且第一簡第二簡之間應該還有一些竹簡的存在。而在這些遺失的部分，其內容應該是哀公反問孔子：發生大旱災時以璧帛珪幣獻於山川請求降雨，乃是一般的作法，且人民亦期待在上位者如是做，為何孔子獨進言說只要導正政治就足以應付旱災。

孔子對曰：因祭祀活動具體而顯而易見，但是正「刑德」的政治之功效，卻是隱而不易了解其實質，所以庶民才會對「說」（乞雨的儀式）的祭祀活動有所期待。

孔子又再次強調採用正「刑德」的政治舉措，遠勝於以璧帛珪幣獻於山川請求降雨等等的祭祀儀式。第二簡的後半部雖然亡佚，不過根據《春秋》「秋八月大雩」的記述，魯哀公終究未採納孔子的建議而舉行乞雨的儀式。

退朝之後，孔子偶遇子貢。孔子問子貢：你在街頭街尾有聽到批評我的聲音嗎？子貢回答道：我沒有聽到。又說「吾子若重名其

歟」。接著，子貢開始陳述自己的意見：若能適當地執行正「刑德」之政，仕於上天，則乞雨之願亦能上達天聽。即便不以璧帛珪幣獻於山川也不會有什麼災疫發生。原來，山以岩石爲其肌膚，樹木爲其應治理之人民，若天不降雨，岩石將被炙燒，其治理之人民即樹木亦將枯死。若是如此，則山必然比我們更希望降雨，爲何必須倚賴「名」。原先，河川以水爲其肌膚，魚爲其應治理之人民，若天不降雨，水將乾涸，其治理之人民即魚亦將死，則河川必然比我們更希望降雨，爲何必須倚賴「名」。

孔子對子貢必然有一番答覆，但該部分亡佚故不明。從前後的內容研判，應該如下：

所言甚是，發生大旱災時，君主必須率先甘於粗茶淡飯，且需呼籲節約糧食以備飢饉。[3]可是，魯哀公缺乏非常時期非常作爲的覺悟，飽食終日。以此心態，即使乞雨也無法拯救天下黎民。

三

關於〈魯邦大旱〉的全體構成，大致上可做以上的解讀。但還是有些部分難以解釋。如三次出現在子貢的發言中的「名」。

---

[3] 關於饑饉，《墨子・七患》有以下的記載：「一穀不收、謂之饉。二穀不收、謂之旱。三穀不收、謂之凶。四穀不收、謂之餽。五穀不收、謂之饑。歲饉則仕者大夫以下皆損祿五分之一。旱則損五分之二。凶則損五分之三。餽則損五分之四。饑則盡無祿。廩食而已矣。故凶饑存乎國、人君徹鼎食五分之三。大夫徹縣。士不入學。君朝之衣、不革制。諸侯之客、四鄰之使、雍食而不盛、徹驂騑。塗不芸。馬不食粟、婢妾不衣帛、此告不足之至也。」又，《孔子家語・曲禮子貢問》裡，孔子向齊景公講述饑饉的對應之道：「孔子在齊。齊大旱。春饑。景公問於孔子曰、如之何。孔子曰、凶年則乘駑馬。力役不興。馳道不修。祈以幣玉。祭祀不懸。祀以下牲。此賢君自貶。以救民之禮也。」

（1）吾子若重名其歟

（2）何必恃乎名乎

（3）何必恃乎名乎

其中（1）是子貢對孔子有若干批判味道的文句。將此句翻譯成「夫子您這麼重視自己的名聲嗎？」則上下語意不連貫。

　　此外，從原文（2）、（3）的部分來看，若是發生旱災的話，感到最不便的應該是山和河川，如果他們本身就具有靈力，不待人類乞雨，理當自行運用神力降雨。若非如此，則可知山和河川不具神力。文末應該出現以上的論述。即使（2）、（3）的「名」解釋成名聲或是名稱，還是無法使上下文語意連貫。

　　所以這三個地方的「名」不能解釋成名聲或是名稱。《晏子春秋》裡可以看到和〈魯邦大旱〉內容極為相似的篇章。藉由比較《晏子春秋》及〈魯邦大旱〉來探討「名」的字義。以下就是《晏子春秋》晏子諫・第十五「景公欲祠靈山河伯以禱雨」的原文。

> 齊大旱逾時。景公召群臣問曰、天不雨久矣。民且有飢色。吾使人卜云，祟在高山廣水。寡人欲少賦歛、以祠靈山。可乎。群臣莫對。晏子進曰、不可。祠此無益也。夫靈山固以石為身、以草木為髮。天久不雨，髮將焦、身將熱。彼獨不欲雨乎。祠之何益。公曰，不然。吾欲祠河伯，可乎。晏子曰，不可。河伯以水為國，以魚鱉為民。天久不雨，泉將下，百川將竭，國將亡，民將滅矣。彼獨不欲雨乎。祠之何益。景公曰，今為之奈何。晏子曰，君誠避宮殿暴露，與靈山河

　　伯共憂，其幸而雨乎。于是景公出野暴露三日，天果大雨，
　　民盡得種時。景公曰，善哉，晏子之言，可無用乎。其維有
　　德。

　　某時齊發生旱象，齊景公詢問臣下，欲祀靈山以乞雨如何？而
晏嬰回答祭祀無用等的場面設定以及情節的展開，都和〈魯邦大旱〉
有極為相似之處。

　　但是祭祀的對象有所不同，在〈魯邦大旱〉裡是山及河川，《晏
子春秋》則是靈山和河伯。兩者微妙的差異在於《晏子春秋》裡將
靈山比喻為人的身體，河伯比喻為君主。靈山是神靈棲息之處，本
體本就是山。相對於此，河伯不單是單純的河川，其本體還是具有
神格的水神。故《晏子春秋》裡只有河伯被比喻成統治國家的君主。

　　但是，在〈魯邦大旱〉裡，將山及川比喻成人的身體的同時，
也比喻成君主。換言之，在〈魯邦大旱〉裡的山及川，同時具有與
《晏子春秋》靈山跟河伯相同的性格。又，《晏子春秋》裡，齊景公
最後採用了晏子的建言，自曝其身於干天，結果天降甘霖，景公讚
美晏子，然後故事結束。《晏子春秋》的故事發展在和〈魯邦大旱〉
前半的內容（也就是哀公跟孔子的對話）相當的部分就收尾結束本
文，因此其後半沒有相當於孔子跟子貢對答的內容。

　　雖然《晏子春秋》及〈魯邦大旱〉之間存在許多差異，但是晏
子否定靈山河伯的發言，子貢否定山、川的發言都有異曲同工之妙。
然而，〈魯邦大旱〉的三句問題句（1）（2）（3）。《晏子春秋》裡沒
有和（1）句相對應的部分。（2）（3）句則可對應到「祠之無益」。
可是該句並無出現「名」字。所以「名」字字義依然無解。不過因
為對應關係的成立，可知「何必恃乎名乎」解釋為「祭祀山川亦無

用」應該是正確無誤的。

　　那麼，「名」字該作何解釋較爲適當？筆者以爲，既然和祭祀山川有關，會不會是「神明」的「明」而非「名」。「神明」有兩字併在一起使用，如「昔者聖人之作易也、幽贊於神明而生蓍」（《易‧說卦》），「勞神明爲」（《莊子‧齊物論》），但也有「神」與「明」各具有彼此不同意涵的例子，如郭店楚簡〈太一生水〉說：

> 太一生水，水反輔太一，是以成天。天反輔太一，是以成地。
> 天地【復相輔】也，是以成神明。神明復相輔也，是以成陰
> 陽。陰陽復相輔也，是以成四時。四時復相輔也，是以成滄
> 熱，滄熱復相輔也，是以成濕燥。濕燥復相輔也，成歲而止。

〈太一生水〉裡，最初太一生水，接著水反輔太一產生天。天輔太一產生地，天與地互相協助而生成神與明。神明互相協助而成陰與陽。

　　換言之，根據〈太一生水〉的宇宙生成論，在〈太一生水〉的階段，單一的太一產生單一物質的水；在「水反輔太一，是以成天」及「天反輔太一，是以成地」的階段裡，兩種物質（水和太一，天和太一）產生單一的物質（天，地）；「天地【復相輔】也，是以成神明」和「神明復相輔也，是以成陰陽」的階段，兩種物質（天與地，神與明）產生兩種物質（神與明，陰與陽）[4]。顯而易見「神」與「明」是個別存在的。另外亦可明白天—神—陰，地—明—陽的

---

[4] 關於〈太一生水〉請參照拙著〈郭店楚簡〈太一生水〉及《老子》之道〉（《中國研究集刊》第二十六號，2000 年 6 月）

對應關係。

和地保持對應關係的「明」到底是什麼東西？《莊子・天下》提供重要的線索。以下是《莊子・天下》的開頭部分：

> 天下治方術者多矣。皆以其有、爲不可加矣。古之所謂道術者、果惡乎在。曰，無乎不在。曰，神何由降、明何由出。聖有所生、王有所成、皆原於一。

可以確認的是「神」具有由上降到下方的性格，反之「明」具有由下方上昇到上方的性格。這裡的上下，和後文的「古之人、其備乎。配神明、醇天地、育萬物、和天下」一樣是指天與地。因此，「神」很可能是指從天界降臨到地上的「天神」類（將由天上而地下發生的自然現象如閃電等加以神格化）；「明」則是指潛伏於大地裡的「地祇」類（由地下而往上發生或上昇的自然現象如火炎等加以神格化）。

〈太一生水〉裡已可知地—明—陽的對應關係。關於地跟陽的關係《國語・周語上》有相關的記述：「古者，太史順時覷。陽癉憤盈，土氣震發、農祥晨正、日月底于天廟、土乃脉發」。據說陽潛伏於土中，立春時，才奮發於地表之上。此外《國語・周語上》有：「夫天地之氣，不失其序。若過其序，民亂之也。陽伏而不能出，陰迫而不能蒸，於是有地震。」這說明因爲天之陰壓迫地中之陽，使其無法現於地表而致使地震的發生。《莊子・天下》的「明何由出」也是基於這樣的思維（明—陽潛伏於地底）。

關於「明」字，白川靜《字統》（東京：平凡社，1984年）有如下的文字：「古時候穴下式的住居，在中央挖出一個方坑，在其四方構築橫穴式的居室。全體成『亞』字形。光線可從中央的方坑傾洩

而下,該方坑亦即明堂。面對方坑的地方是爲「明」,該處因是祭祀神的地方所以「明」從「囧」和「月」。因此,祭祀等「神事」稱爲「明」,聖職稱爲「明公」、「明保」。由此可證,在古代有將地下跟「明」字聯想在一起的思考模式。

　　如上所述,「神」和天有關;「明」和地相關。「明」爲表示地神的概念。〈魯邦大旱〉裡出現的「奠珪璧幣帛於山川」是指一種祭祀型態。是指在山裡挖一個坑洞埋放供品或將供物沈到水裡的祭祀型態。所以,「奠珪璧幣帛於山川」可以說是祭祀地神或水神的祭祀型態,側重「神明」的「明」的意義。不過〈魯邦大旱〉的用法可能已經偏離原義而泛指一般的神事。

　　根據以上的考察,筆者認爲應可將「名」做「明」字解[5],即祭

---

[5]　在〈魯邦大旱〉竹簡裡出現的「名」字體如下:

又,郭店竹簡裡的「名」和「明」的字體如下:

名:

明:

「名」和「明」的字體相近可能是誤寫。而根據王力的主張,「名」的音是屬於耕部·明母。「明」的音是屬於陽部·明母。雖然彼此的部不同,但是根據段玉裁的古韻分部,「耕部」是十一部,而「陽部」爲十部。部相近的文字有可能音

祀地神及水神的祭祀活動。如此一來，子貢的發言（1）（2）（3）文意可跟前後文連貫。

首先，（1）「吾子若重名其賟」可以解釋爲：子貢對既然認爲祭祀山川是無益的卻又在乎是否會遭致非議的孔子提出質疑，夫子您還認同祭祀地神及水神的意義嗎？在此子貢指出孔子否定祭祀之效用不夠徹底，而因此他才會接著論述該祭祀活動是多麼的沒有效益。又，（2）、（3）「何必恃乎名乎」可視爲全盤否定祭祀山川的有效性的文句。「爲何期待祭祀山川會產生（降雨的）效果？」換言之，和《晏子春秋》「祠之何益」同義。

四

最後想探究〈魯邦大旱〉在古代中國思想史裡具有什麼樣的意義。〈魯邦大旱〉的中心思想在否定祭祀活動的有效性，主張君主應該重視自己的施政。與此類似的思考，《左傳》裡爲數眾多。

（A）及惠公在秦曰，先君若從史蘇之占，吾不及此夫。韓簡侍曰，龜象也，筮數也，物生而後象，象而後滋，滋而後數。先君之敗德及可數乎。史蘇是占，勿從何益。（僖公十五年）

（B）周內史叔興聘于宋。宋襄公問焉曰，是何祥也，吉凶焉在。對曰，今茲魯多大喪，明年齊有亂，君將得諸侯而不

互通。《禮記・檀弓上》當中有「子夏喪其子，而喪其明」的文字，而在東漢的〈冀州從事郭君碑〉卻將與之相同的事件刻爲「卜商喪子失名」。由此也可看到以「名」字表記「明」字的例證。

　　　終。退而告人曰，君失問。是陰陽之事也。非吉凶所生也。
　　　吉凶由人。（僖公十六年）

（C）晉人聞有楚師。師曠曰，不害。吾驟歌北風，又歌南風，
　　　南風不競，多死聲。楚必無功。董叔曰，天道多在西北，
　　　南師不時。必無功。叔向曰，在其君之德也。（襄公十八
　　　年）

（D）夏五月，火始昏見，丙子風。梓慎曰，是謂融風，火之
　　　始也。七日其火作乎。（中略）子產曰，天道遠，人道邇。
　　　非所及也。何以知之。竈焉知天道。（昭公十八年）

（E）齊有彗星。齊侯使禳之。晏子曰，無益也。祇取誣焉，
　　　天道不謟，不貳其命，若之何禳之。且天之有彗也，以除
　　　穢也。君無穢德，又何禳焉。若德之穢，禳之何損。（中
　　　略）祝史之為，無能補也。公說乃止。（昭公二十六年）

（A）句表示「史蘇之占」的重要性比不上「先君之敗德」等人事的
　　　因素。

（B）隕石，六鷁退飛等奇怪的自然現象不過是單純的「陰陽之事」，
　　　自然現象不是造成吉凶的原因，認為「吉凶由人」強調人事的
　　　優位性。

（C）則記載：相對於瞽官師曠藉由吹律聽聲，史官董叔藉天道的推
　　　移預言楚軍的敗北，大夫，叔向則認為勝敗取決於君主的德行。

（D）梓慎從星體的運行預告七天後將會發生火災。稗竈想要向神祈
　　　願祈求消災去禍。對此，子產加以批判「天道遠，人道邇。非
　　　所及也。何以知之。竈焉知天道」否定稗竈祭神的有效性。

（E）彗星出現，齊侯想請祝史舉行祭祀儀式消災去禍。晏嬰向齊侯

　　建言：最重要的應是君主之德，只要人事確立，不必爲天道的
　　推移（自然現象的變異）惶惶終日。

從以上引用的例子來看，在思想方面，從原先重視神秘主義行爲（該
行爲基於由卜筮占卜，占星術，吹律聽聲預言未來，拔除…咒術等
的天道思想而產生）漸轉爲重視君主之德等人事方面。類似的情形
亦出現在《禮記・檀弓》。

　　　　歲旱，穆公召縣子而問然，曰，天久不雨，吾欲暴尪而奚若。
　　　　曰，天則不雨，而暴人之疾子虐。毋乃不可與。然則吾欲暴
　　　　巫而奚若。曰，天則不雨，而望之愚婦人，於以求之，毋乃
　　　　已疏乎。徙市則奚若。曰，天子崩，巷市七日。諸侯薨，巷
　　　　市三日。爲之徙市，不亦可乎。

魯穆公召縣子來問他：「我想讓顏面上仰的身障者在日頭下曝曬，希
望老天爺能可憐身障者而降下甘霖，可不可行？」縣子回說：「老天
原來不下雨，而就讓身障者暴露在炎日之下，是沒有慈悲心的野蠻
行爲。」穆公又問：「那我讓巫女在日頭下曝曬又如何？」縣子反對
說：「既然天不願意下雨。卻期待蠢婦能讓老天爺降雨，實在是沒道
理的一件事。」結果穆公提議：「想以準備喪事的心態遷移市場」，
這次縣子就不再反對。

　　對於穆公前兩個提議：一是利用身障者的殘缺希冀引起老天爺
的同情，二是利用具有巫術的巫女來乞雨的建議，縣子舉出一違背
人倫、二不合道理加以駁斥，同時也否定掉上述兩行爲的有效性。
最終，縣子只同意第三個遷移市場提議。將旱災視爲服喪一樣的緊
急情況，以辦喪事那般的心情遷移市場，表示對人民的苦難感到哀

傷。

　　這篇文章否定神秘的巫術等的有效性,側視依循倫理規範的政治。不過雖然否定其巫術的有效性,但另一方面縣子認為既然上天不願降雨,蠢婦也沒有力量使上天降雨,承認上天的權威性。縣子的思考和〈魯邦大旱〉裡子貢的立場有相同的性格。也就是肯定「事上天」否定「薆珪璧幣帛於山川」和「恃名」。和這同樣傾向的還有《左傳》中的(A)(D)(E)。(A)並非完全否定卜筮更重視「先君之敗德」的人事方面。(D)裡並無否定統宰人間的「天道」的權威,僅止於承認以稗竈的巫術不能預知深遠的天道。(E)「天道不諂,不貳其命,若之何禳之。且天之有彗也,以除穢也」承認天道的權威,而其內容留在主張巫術來操控天道之命的不可行之範圍。

　　如上所述,未必否定上天或是天道的權威,只是否定以巫術操控天道之命等的方法。因其未全面否定神秘的存在,所以,這可以說是一種不徹底的思考。「子曰,務民之義,敬鬼神而遠之,可謂知矣。」(《論語・雍也》)「子不語怪力亂神。」(《論語・述而》)「夫子之言性與天道,不可得而聞也已矣。」(《論語・公冶長》)等孔子的態度有跟這相類似的性格。

　　其實,該傾向為戰國後期的荀子仍然繼承。《荀子》曰:「雩而雨何也。曰,無何也,猶不雩而雨也。日月食而救之,天旱而雩,卜筮然後決大事,非以為得求也,以文之也。」(〈天論〉)認為巫術不過是修飾的東西而否定其實效性。另一方面卻是「以盲為明,以聾為聰,以危為安,以吉為凶,嗚呼上天,曷維其同。」(〈賦篇〉)裡感嘆無道之世向上天控訴等,不徹底的思考依舊存在。

　　春秋後期,前六世紀興起一股新思潮,代表者鄭國的子產,晉國的叔向,齊國晏嬰等身為貴族輔佐君主的賢能政治家,他們提倡

重視人知與倫理，使得當時憑恃巫術的政治風氣一變，重視人知與倫理的政治氛圍成爲可能。〈魯邦大旱〉也接受該新思潮，並意圖將孔子排在這些賢能政治家的行列中，使其並肩而坐，所以可見該作品應是孔子的子弟後生所作。此外，該篇作品裡，甚至評定子貢的政治手腕更勝於孔子，對於擔心輿論而顯得懦弱的孔子，子貢提出了更強力徹底的理論作爲武裝，鼓舞勉勵孔子。所以〈魯邦大旱〉也可能是子貢的學生所做。

　　關於〈魯邦大旱〉還有一點想要提出。即「刑德」。刑德並用說的思想可以追溯到《國語・越語下》范蠡的發言。「德虐之行，因以爲常」中「德」與「虐」相對應。從長沙馬王堆三號前漢墓出土的〈經法〉〈十六經〉等《黃帝書》[6]則是繼承了該思想。在〈經法〉部分，有「因天之生也以養生，謂之文，因天之殺也以伐死，謂之武。文武幷行，則天下從矣」（〈君正〉）及「文武幷立，命之曰上同」「因天時伐天毀，謂之武。武刃而以文隨其后，則有成功矣。用二文一武者王」（〈四度〉）的例子，而這裏「文」和「武」是相對應的。

　　在〈十六經〉中也有「德虐無形，靜作無時」（〈觀〉）「靜作相養，德虐相成」（〈果童〉）和《國語・越語下》相同，可見「德」和「虐」之對應。除此之外，「而正之以刑與德。春夏爲德，秋冬爲刑。先德后刑以養生」、「凡戡之極，在刑與德」、「先德后刑，順于天」（〈觀〉）裡也可以看見「刑」和「德」的對應。

　　除了《黃帝書》之外，《韓非子・二柄》中也有「二柄者刑德也，何謂刑德。曰，殺戮之謂刑，慶賞之謂德。」的例子，而這裏也可

---

[6] 關於黃帝書請參照《黃老道の成立と展開》（東京，創文社，1992年）

以看到「刑」和「德」的對應。黃老思想大概成形於戰國後期，韓非活動的年代也是在戰國後期。因此，到目前為止一般皆認為刑德並用的政治思想起於戰國後期。

但是隨著上博楚簡〈魯邦大旱〉的出土，這個觀點有必要加以修正。上博楚簡因是被盜挖而出現，所以出土地不明且無陪葬品可供鑑定正確的年代。中國科學院上海原子核研究所以炭素14測定年代。測定的結果2257加減65年。1950年是國際定點年，上博楚簡應是公元前308加減65年。換句話說，成書於公元前373年～242年之間。根據《上海博物館藏戰國楚竹書》第一分冊前文，比較郭店竹簡的竹簡，字體的分析後，可推定年代應是楚遭受秦的攻擊，從郢遷都到陳的公元前278年以前。因此，上博楚簡的書寫年代應該是公元前373年～278年之間。

原著當然成書在書寫本之前。〈魯邦大旱〉最遲在戰國前期（公元前403～343年）～戰國中期（公元前342年～282年）的前半就已經成立了。當然也有可能是在春秋末期就成立。因此推斷儒家導入刑德相互對應的政治思想的時期應在春秋末到戰國前期。

如上述所提「刑德」最早出現在《國語‧越語下》范蠡的發言。〈越語下〉裡范蠡教導越王句踐德虐並用的戰略。吳滅亡後去越赴齊。該傳說暗示德虐並用的思想傳播到齊的情形[7]。實際上，在齊國所編輯的《管子》中有「大文三會而貴義與德，大武三層而偃武與力」（〈勢〉）「先德後刑，順於天，微度人」（〈勢〉）等文字，而這兩句中都可見「文」-「武」，以及「刑」-「德」的對應。

〈魯邦大旱〉成書於魯齊等山東地域的可能性很高。在當時，

---

[7] 這點請參照拙著《黃老道の成立と展開》（東京，創文社，1992年）

大概吸收了傳於齊的刑德相互對應之思想。到目前為止，一般皆認
為儒家德文一面倒，全然否定刑與武。由於〈魯邦大旱〉的出土，
可明白至少在很早很早的時候（春秋末期到戰國前期），儒家的一部
份就已經導入刑德相互對應的思想，產生較為實際的政治思想[8]。而
這點將迫使學者必須重新修正原先的中國古代思想史。

---

[8] 根據武內義雄的著作《易與中庸的研究》（東京：岩波書店 1943 年）裡
指出，《禮記》的〈表記〉、〈坊記〉、〈緇衣〉三篇裡常常談到賞罰，是受到法家
的影響。這可以證明該三篇成立於韓非子之後，戰國末年到秦初。但是，在郭
店楚簡也可見有關刑罰的記載如「賞與刑，禍福之基也」（〈尊德義〉），「未賞
而民勸，含福者也。未刑而民畏，有心畏者也。」（〈性自命出〉）等。這也說
明了儒家採納刑德並用的統治論的時期是在戰國中期。

第七章

〈魯邦大旱〉的「刑德」

一

筆者在〈上博楚簡〈魯邦大旱〉裡的「名」〉一文中，曾對〈魯邦大旱〉加以考察[1]。但是因為該文主要著眼於「名」一字之解釋，對於〈魯邦大旱〉中的刑德論並未達到充分的檢討。因此，本文即以〈魯邦大旱〉中的刑德論為題材，嘗試考察其邏輯結構。首先，將〈魯邦大旱〉之全文顯示如下[2]：

> 魯邦大旱。哀公謂孔子、子不為我圖之。孔子答曰、邦大旱、
> 母乃失諸刑與德乎。唯……【哀公曰】……【如】之何哉。

---

[1] 筆者於「上博簡與出土文獻研究方法」學術研討會（臺灣大學東亞文明研究中心，2004 年 4 月 10 日）所提出之會議論文。

[2] 〈魯邦大旱〉之引文，雖然根據《上海博物館藏戰國楚竹書》第二分冊之釋文，但是有依據筆者個人見解訂正釋文之處。詳情請參照前註所揭之論文。此外，雖然與筆者見解大相逕庭，但是由於谷中信一對〈魯邦大旱〉之譯注，收錄在〈上海博楚簡〈民之父母〉〈子羔〉〈魯邦大旱〉譯注〉一文之中，載《出土文獻と秦楚文化》創刊號（東京大學文學部東洋史研究室，2004 年 3 月 31 日），敬請參照。

孔子曰、庶民知說之事、視也。不知刑與德。如母薆珪璧幣帛於山川、正刑與【德】……出遇子貢曰、賜、爾聞巷路之言、母乃謂丘之答非歟。子貢曰、否也。吾子若重其明歟。如夫正刑與德、以事上天、此是哉。若夫母薆珪璧幣帛於山川、母乃不可。夫山石以爲膚、木以爲民。如天不雨、石將焦、木將死。其欲雨或甚於我。何必恃乎明乎。夫川水以爲膚、魚以爲民。如天不雨、水將涸、魚將死。其欲雨或甚於我。何必恃乎明乎。孔子曰、於呼、……公豈不飽粱飲肉哉也。無如庶民何。

魯國發生大旱災。魯哀公對孔子說：「你不爲我設想對策嗎？」孔子回答：「國家有大旱，原因不外乎刑與德之方面有所缺失。但是……【哀公說】……，如何呢？」孔子說：「庶民知道『說』之事，是因爲其具體可見。抽象的刑與德，則不被庶民所知。即使不呈獻珪璧幣帛給山川，而是去導正刑與德……。孔子自宮廷出來之後遇見子貢，問：「賜，你在市井巷里之間有沒有聽聞非難我對哀公之答話的聲音？」子貢說：「沒有。我們難道會重視『明』嗎？若能導正刑與德來服事上天，這才是對的。即使不呈獻珪璧幣帛給山川，亦無不可。因爲大山以岩石爲肌膚，以樹木爲子民。如果天不降雨，岩石將焦敝，樹木將枯死。所以大山必然比我們更希望降雨，何必一定要依靠『明』呢？又，河川以河水爲肌膚，以魚群爲子民。如果天不降雨，水將乾涸，魚將死亡。所以河川必然比我們更希望降雨，何必一定要依靠『明』呢？」孔子說：「啊！……哀公難道不是以稻粱肉類飽食終日嗎？對於庶民毫無作爲。」

二

　　〈魯邦大旱〉的刑德論，在孔子對哀公的發言中出現兩次，在子貢對孔子的發言中出現一次，共計出現了三次。但是，何謂「刑」？何謂「德」？對於刑與德的內容並未清楚地說明，因此「失諸刑與德」「不知刑與德」「正刑與德」等行為的具體內容難以一目瞭然。

　　但是，推想刑與德之內容的線索，並非完全不存在。最重要的線索在孔子「邦大旱、毋乃失諸刑與德乎」的發言中。孔子在這裡認為魯國遭受大旱的原因，在於「失諸刑與德」的過失。因此，〈魯邦大旱〉必須在「大旱」與「刑與德」之間，設定出這樣的因果關係：「失諸刑與德」之過失，招致「大旱」的災殃。

　　那麼，降下「大旱」災殃的又是誰呢？探求此問題之線索，在子貢「如夫正刑與德、以事上天、此是哉」的發言中。「正刑與德」的行為在這裡被視為正是用以服事上天的手段。若是這樣，則對於「失諸刑與德」之過失，降下「大旱」懲罰的行為主體，除了上天之外，別無考量。

　　亦即，公元前480年侵襲魯國的大旱災，不是單純的自然災害，而是上天降予魯國的天罰。那麼，做為招致「大旱」天罰之原因的「失諸刑與德」之過失，具體所指的是什麼樣的行為呢？作者思考如下：在魯國，不降雨的情形從很早之前就已經持續著。哀公有必要接受這個現象是上天責備自己失政而降下的刑罰（天刑），因而自我反省並且修正為政之道。但是哀公並沒有想要做那樣的理解，也不去悔改為政之道。

　　這種無法察覺「旱災之持續乃是上天責怪自己失政而降下之天刑」的行為，就是「失諸刑與德」之過失了。結果，對於不理解譴

責意圖的魯哀公，上天更加怒火中燒，使旱災在此後仍持續下去，並且從當初的「旱」擴大爲現在的「大旱」。孔子對魯哀公說：「邦大旱、毋乃失諸刑與德乎」，可以推斷就是因爲這樣的邏輯。如果，相反地，哀公接受這個現象是上天責備自己失政而降下的天刑，因而自我反省並且修正爲政之道，那就成爲「正刑與德，以事上天」的行爲了。

　　那麼，上天責怪哀公什麼樣的失政呢？由篇末的孔子之發言，可以一窺失政的內容。孔子在這裡以「公豈不飽梁飫肉哉也。無如庶民何。」，批判哀公的行徑。因爲〈魯邦大旱〉中哀公受到批判的地方只有這裡，所以判斷這即是失政的內容。亦即，哀公不顧庶民生活艱苦而耽於飽食美味的奢侈行徑，上天視之爲失政，因此令招致飢饉的旱災持續，以告知譴責的意圖。

　　至此爲止檢討了「刑」的內容，另一端的「德」的內容又是如何呢？「刑」的內容既然如上所述，那麼「德」的內容就是指上天欣然接受君主的善政而授予的天賞了。具體而言，所謂風調雨順、五穀豐收、六畜興旺之現象，就是上天對於努力戒愼自身之奢華浪費，節省多餘之支出，以使民眾生活安定的君主所賜予的恩德。

　　這種狀態如果持續下去，君主不會認爲那是單純的自然現象，而會理解那是上天讚賞自己的爲政而賜予的恩德，因此君主必然會繼續堅持努力施行善政的態度。這也就成爲「正刑與德，以事上天」的行爲了。

　　「刑」與「德」的內容若是如此，最終就會具有「上天對於君主之賞罰」的意涵。那麼，〈魯邦大旱〉又是如何思考「正刑與德，以事上天」的行爲與祈雨祭祀之間的關係呢？

三

　　面對哀公對於大旱災之因應對策的詢問，孔子回答：「邦大旱、毋乃失諸刑與德乎。唯……。」答話的後半部雖然缺損，推測其內容很可能是：「但是若能導正刑與德，並且改正為政之道，上天之怒應該可以消解，也能帶來降雨」。

對此，哀公以「……【如】之何哉」，再度向孔子尋求回答。哀公的發言雖然大部分缺損，但是從接續在後的孔子之發言，可以推測其內容可能是：「庶民強烈期待做為君主的我進行祈雨祭祀。這要如何是好？」

　　對於哀公這個問話，孔子回答：「庶民知說之事、視也。不知刑與德。如毋愛珪璧幣帛於山川、正刑與【德】……」。庶民之所以期待祈雨儀式「說」的祭祀產生效果，是因為祭祀的過程能夠親眼目睹並加以確認。相對於此，導正刑與德之政治，因為採取君主由天候來覺察上天之意圖的形態，對庶民而言無法目睹其內容。因此，庶民無法認識導正刑德之政治的重要性。即使對山川不呈獻珪璧幣帛等供品，不進行祈雨祭祀，只要導正刑與德，改正為政之道，上天的憤怒就能消解，一定可以帶來降雨。這大概就是孔子之答話的內容。竹簡在此後雖然有所缺損，但是其內容可能是哀公沒有採納孔子的意見，而是如《春秋・哀公十五年》所記錄的「秋，八月，大雩」般，做了進行祈雨祭祀的決定。從哀公與孔子的問答，可以得知孔子的立場是：只要確實做好導正刑與德之政治，祈雨祭祀等就沒有必要。

　　魯國遭受大旱侵襲的唯一原因，在於哀公不能覺察旱災背後所蘊含的上天之譴責意圖，犯下「失諸刑與德」之過失，因而招致上

天更加憤怒之點。這樣看來，只要哀公畏懼上天的譴責警告，反省至今為止的為政，並且改正飽食終日的奢侈，那麼，由於造成旱災的唯一原因被除去，做為上天懲罰的「大旱」也就獲得解除，甘霖也會從天而降。因此，祈雨祭祀姑且不論實際上是否有效果，都沒有必要進行。這就是孔子對於「導正刑與德之政治」與「祈雨祭祀」之關係的思考。

然而，在〈魯邦大旱〉中卻是採取「子貢向孔子反覆力陳祈雨祭祀如何無益」的敘事安排。那麼，在孔子與子貢之間，又是如何設定其立場之差異呢？

子貢對孔子展開雄辯之契機，是孔子「賜、爾聞巷路之言、毋乃謂丘之答非歟」的發問。孔子在這裡問子貢：「你在市井巷里之間有沒有聽聞非難我對哀公之答話的聲音？」亦即，孔子擔心對於祈雨祭祀之效果寄予強烈期待的庶民，非難自己祈雨無必要之答話的情形。

對此，子貢回答：「否也。吾子若重其明歟。」也就是說，子貢先以「未聽聞那樣的惡評」來消除孔子的擔憂，然後以「難道老師認為祈雨祭祀具有意義嗎？」，指出孔子立場的不徹底。這是因為孔子擔心期待祈雨祭祀之庶民有所反彈的發言，在子貢看來反映出孔子不徹底而且軟弱的態度。

因此，子貢對祈雨祭祀如何無益一事，展開滔滔雄辯。只要妥善地實施導正刑德之政治來服事上天，祈雨的願望也能通達上天的。即使不呈獻珪璧、幣帛給山川，也不會有任何災厄。原本大山以岩石做為自己的肌膚，以樹木做為自己應該治理的人民。如果天依舊不降雨，做為皮膚的岩石將燒焦，做為人民的樹木也將枯死。

若是如此，大山必然遠比我們更強烈地希望降雨。（可是，雨完全沒有降下。這樣看來，大山顯然沒有招致降雨的神力。對於無神力的大山再怎麼試著祈求，也沒有任何的效果）。爲什麼期待祭祀等神事能夠產生效果呢？

原本大川就是以水做爲自己的肌膚，以魚群做爲自己應該治理的人民。如果天依舊不降雨，做爲皮膚的水將乾涸，做爲人民的魚群將死亡殆盡。若是如此，大川必然遠比我們更強烈地希望降雨。（可是，雨完全沒有降下。這樣看來，大川顯然沒有招致降雨的神力。對於無神力的大川再怎麼試著祈求，也沒有任何的效果）。爲什麼期待祭祀等神事能夠產生效果呢？

這裡所展開的是以高山或大川原本就不存在招致降雨的神力，企圖證明祭祀之事無意義的邏輯。因此，子貢完全否定祭祀本身之有效性的立場，較之孔子不觸及效果之有無，認爲祭祀山川沒有必要的立場，其邏輯可說是更爲尖銳。

子貢的立場，是認爲唯有導正刑德之政治，才是解除「大旱」天刑的唯一方法，而且祈雨祭祀在道理上也沒有任何有效性。對於擔心社會的評價而開始變得軟弱的孔子，子貢當然要提供更爲徹底的理論武裝，激勵孔子不可動搖。

對此，孔子回答：「於呼、……公豈不飽粱飱肉哉也。無如庶民何。」孔子的發言雖然有缺損的部分，但是其內容很可能是：「啊！你說得對。接受『大旱』爲天刑並且改除奢侈，除此之外，沒有其他招致降雨的方法。但是，哀公卻只想要以無效益的祈雨祭祀應付了事，仍舊繼續飽食終日。靠那樣的作爲，是無法解救庶民脫離苦境的。」

因此，孔子也贊同子貢關於祈雨祭祀的見解，至此，兩者對於

「導正刑德之政治」與「祈雨祭祀」之關係的立場才趨於一致。同時，那個最後所達成的一致點，不消說也正是〈魯邦大旱〉的作者對於此一主題的基本立場。

四

接著，嘗試探討〈魯邦大旱〉的刑德論，在中國古代思想史上佔有什麼樣的位置？如上所述，〈魯邦大旱〉刑德論中的「刑」與「德」，具有上天對君主之賞罰的意涵。上天按照君主治理國家之良窳降予賞罰的思考，在《詩經》或《書經》中可以見到其古老的形態。

> 今商王受，弗敬上天，降災下民。(中略)。皇天震怒，命我文考，肅將天威。(《書經‧周書‧泰誓上》)

渡過孟津的周武王，向前來會師的諸侯宣誓討伐殷紂。這是該誓言的一節，內容是殷紂王不敬奉上天，殘虐人民，因此上天非常憤怒，命令周文王代天施行對紂王的天罰。這裡說明「殷紂王之惡政激怒上天，因此上天對紂王降下毀滅殷朝之懲罰」的因果關係。

> 已！予惟小子，不敢替上帝命。天休于寧王，興我小邦周。(《書經‧周書‧大誥》)

周武王突然死亡之後，成王回顧殷周革命如下：年少的我不能輕視天命。昔日，上天嘉賞文王的善行，興盛我等小周邦。這裡則

說明這樣的因果關係——與殷紂王之情形相反，上天對於文王的德政，賜予使周國興隆的獎賞。

> 秋，大熟，未穫，天大雷電以風，禾盡偃，大木斯拔。（中略）。今天動威，以彰周公之德。（中略）。王出郊，天乃雨，反風，禾則盡起。（《書經・周書・金縢》）

昔日，周公旦因為讒言而蒙受篡奪王位的嫌疑，並且在污名未能洗清的情形下死去。於是，上天令落雷與暴風產生，造成即將收割的稻禾全部倒地。成王接受這是上天的譴責，採取恢復周公旦名譽的處置。於是，上天停止暴風，降下甘霖，使倒臥的稻禾重新直立。

如此，上天對於君主過失的懲罰，也有採取雷電或暴風等天候異常之形式的例子。這種時候，君主不能將此理解為單純的自然災害，而必須敏銳地覺察出蘊含其中的上天之譴責意圖，悔改自身的言行舉止。

與《書經》同樣的思維，在《詩經》之中也如下可見：

> 浩浩昊天，不駿其德。降喪饑饉，斬伐四國。昊天疾威，弗慮弗圖。（《詩經・小雅・雨無正》）

上天至今施予的恩德，不會永遠持續。最近，頻頻降下死亡與饑饉來。既然上天展現天威到如此激烈的程度，幽王當然必須接受這是天罰。但是我們的君主卻一點也不想去揣量上天的意圖。這裡將死亡、飢饉等凶事，理解為上天的懲罰、譴責。在其與〈魯邦大旱〉的關係上所應該注意的，是將上天的恩惠以「德」來表現之點。

> 王曰，於乎，何辜今之人。天降喪亂，饑饉薦臻。靡神不舉，
> 靡愛斯牲。圭璧既卒，寧莫我聽。旱既大甚。(《詩經・大雅・
> 雲漢》)

　　周宣王說：「啊！現今的世人究竟犯了什麼罪？上天降下災害，頻繁地發生饑饉。祭拜了所有的神明，毫不吝惜地獻上牲品。但是，即便用盡供獻用的玉璧，上天還是沒有聽見我的祈求。旱災的損害已經非常嚴重了。」這裡，面對接連不斷的災害，周宣王不能了解為何如此。但是，認為「旱災是上天之譴責」一事，則並無改變。

　　如此，《詩經》或《書經》中的上天，是按照為政之良窳而降予君主賞罰的存在。《書經・商書・伊訓》雖然是偽造的古文，卻以「惟上帝不常，作善，降之百祥；作不善，降之百殃。」簡潔地表現目前為止所論述的上天與君主之關係。

　　最忠實地繼承《詩經》或《書經》中所見的上天之性格者是墨家。墨家論述上天與君主之關係如下：

> 然則是誰順天意而得賞者？誰反天意而得罰者？子墨子言
> 曰：「昔三代聖王，禹湯文武，此順天意而得賞也。昔三代
> 之暴王，桀紂幽厲，此反天意而得罰者也。」(《墨子・天
> 志上》)

　　這裡所說的上天與君主之關係，正是《詩經》或《書經》所言者，強調「上天是按照為政良窳而降予君主賞罰之存在」之點。當然《墨子》中也可以見到認為自然災害乃是上天之譴責與懲罰的主

張。

> 天下之百姓，皆上同於天子，而不上同於天，則天菑猶未去
> 也。今若夫飄風苦雨，湊湊而至者，此天之所以罰百姓之不
> 上同於天者也。（《墨子·尚同上》）

這裡清楚說出，飄風、苦雨的來襲，是對於與上天意志不同調
之天下百姓的懲罰手段。簡言之，墨家所思考的上天與君主之關係，
幾乎全部臨摹自《詩經》或《書經》所說的內容。

如此想來可以得知，〈魯邦大旱〉的刑德論，是以「刑德」之辭
彙來表達上天所降下的賞罰。如前所見，《詩經》或《書經》中並不
存在將「刑德」對應於「上天之賞罰」之意的表現，《書經·商書·
伊訓》中則以「祥」與「殃」來對應。《詩經·小雅·雨無正》之中，
雖然可以見到將天賞之意稱爲「德」的例子，但是並沒有「刑」的
對應關係。而《墨子》之中則是全部使用「賞」與「罰」，「刑」與
「德」之對應並不存在。

那麼，〈魯邦大旱〉從何處導入「刑」與「德」之對應呢？將「刑」
與「德」之對應做爲思想之重要構成要素的，是道家流派之一的黃
老思想[3]。原本，刑德並用說的思想淵源，在於《國語·越語下》的
范蠡之言，該處以「德虐之行，因以爲常」，形成「德」與「虐」之
對應。

繼承這個范蠡型思想的，是從長沙馬王堆漢墓出土的〈經法〉

---

[3]關於黃老思想的詳細情形，請參照拙著《黃老道の成立と展開》（東京，
創文社，1992 年）。

〈十六經〉等黃帝書。其中,〈經法〉裡用了「文」與「武」之對應,如:「因天之生也以養生,謂之文。因天之殺也以伐死,謂之武。文武幷行,則天下從矣」(〈君正〉),又如:「文武幷立,命之曰上同」「因天時伐天毀,謂之武。武刃而以文隨其后,則有成功矣。用二文一武者王。」(〈四度〉)等。

〈十六經〉之中,與《國語・越語下》相同,可以見到「德」與「虐」之對應,如:「德虐无型,靜作无時」(〈觀〉)、「靜作相養,德虐相成」(〈果童〉)。除此之外,還可以見到「刑」與「德」之對應,如:「而正之以刑與德。春夏爲德,秋冬爲刑。先德后刑以養生。」「凡戢之極,在刑與德。」「先德后刑,順于天。」(〈觀〉)。

因此,〈魯邦大旱〉的刑德論,從黃老思想導入「刑」與「德」對應之表現法的可能性很高。如上所述,「刑德」之淵源在於《國語・越語下》范蠡言論中出現的「德虐」。《國語・越語下》之中,指導越王句踐德虐並用之戰略的范蠡,在公元前 472 年吳國滅亡之後,離開越國而赴齊國。這樣的傳說指出德虐並用之思想傳往齊國,造成黃帝書成立之情況。實際上,在齊地編纂的《管子》之中,也可以見到「文」與「武」之對應或「刑」與「德」之對應,如:「大文三會而貴義與德,大武三層而偃武與力」,或是「先德後刑,順於天,微度人。」(〈勢〉)。

〈魯邦大旱〉從其內容來看,在魯或齊等山東地方著書的可能性很高。在其思想形成時,可能自齊國所正在形成的黃老思想,吸取了「刑」與「德」之對應的表現法。[4] 但是〈魯邦大旱〉從黃老思

---

[4] 上博楚簡的書寫年代,推斷為公元前 373 至前 278 年之間。所以,〈魯邦大旱〉必須被視為最遲在戰國前期(公元前 403~前 343 年)至戰國中期(公元前 342~前 282 年)前半之間,即已成立。〈魯邦大旱〉中見到黃老思想之影

想所導入的，也只有「刑」與「德」對應的表現法而已，並沒有到達吸收黃老思想之基本理論的地步。

黃老思想中採取這樣的論述結構：上天透過自己所管轄的天道之推移，指示君主在刑與德之中應該採用哪一種。於是，君主以將天道推移視爲應該遵循的理法來覺察應該採用刑或採用德。因此，「刑」與「德」意指君主在治理內政或對外戰爭之際應該並用的兩種統治形態或國家戰略，不具有「上天降予君主之賞罰」的意義。

「刑」與「德」儘管同樣都具有刑罰與恩賞之意義，但是，在黃老思想與〈魯邦大旱〉之中，刑德並用的主體卻截然不同。因此，〈魯邦大旱〉從黃老思想所導入的，只有「刑」與「德」之對應的表現法。〈魯邦大旱〉對於黃老思想之核心──「天道」完全未提及之現象即是明證。

〈魯邦大旱〉的基本思維──君主應該依據天候是風調雨順或是天災不斷，來覺察自己的爲政是受到上天肯定抑或否定，在《詩經》或《書經》中早已明確顯示。如果認爲在《詩經》或《書經》中未曾見過的嶄新要素只有「刑」與「德」對應的表現法，那麼，可以判斷〈魯邦大旱〉的思想基本上並沒有脫離《詩經》或《書經》的架構。

僅限刑德論而言，〈魯邦大旱〉的思想可說是上天（有意志的人格神）按照君主之爲政而降予賞罰的天人相關思想。但是，另一方面，〈魯邦大旱〉對於呈獻供品給山川來祈求降雨的祈雨祭祀，卻是全面否定其有效性。一邊維持天人相關思想的架構，另一邊卻否定宗教性的祭祀，乍見之下似乎是自相矛盾的立場。關於這一點，

響的現象，反倒指出黃老思想之成立時期溯及春秋末期或戰國初期的可能性。

應該如何思考呢？

　　在思考這個問題之際，應該加以檢討的是《左傳》中所記錄的鄭國之子產或齊國之晏嬰的言行舉止。

> 夏五月，火始昏見，丙子風。梓慎曰：「是謂融風，火之始也。七日，其火作乎？」（中略）。子產曰：「天道遠，人道邇，非所及也。何以知之？竈焉知天道？」〈昭公十八年〉

　　梓慎從星象的運行預言七日之後會有火災發生。於是稗竈提出舉行祓災儀式的請求。但是，子產批判說：「天道遠，人道邇，非所及也。何以知之？竈焉知天道？」，否定透過稗竈來祓除的有效性。所謂稗竈之祓除的巫術，非常淺顯，屬於低層次之人類的作為（人道）。但是，天道卻非常深遠，是高層次之天的作為。兩者的距離有天壤之別，以如同在地上匍匐的人道──即稗竈的巫術等，絕對無法到達遙遠的天道之高度。這樣看來，絕無依靠稗竈般的巫術得以明白天道之結構的道理，因此，透過稗竈來祓除等也不具有任何的有效性。

　　這即是子產的論述邏輯。子產在承認天道的權威本身之外，並且排除透過巫術欲對天道產生作用的想法。在承認支配人事的天道權威之點上，子產基本上可說維持著天人相關的架構。儘管如此，子產指出人道與天道之間的距離之遠，從地面上絕不可能影響得到相距如此遙遠的對象。藉由這樣的論述方法，子產完全否定透過巫祝之巫術的有效性。

> 齊有彗星，齊侯使禳之。晏子曰：「無益也，祇取誣焉。天

道不謟，不貳其命，若之何禳之？且天之有彗也，以除穢也。
君無穢德，又何禳焉？若德之穢，禳之何損？（中略）。祝
史之爲，無能補也。」公說，乃止。〈昭公二十六年〉

　　齊國的天空突然有彗星出現。畏懼此現象的齊君，想要令祝史
來祓除惡祟。但是，晏嬰說出以下的意見而加以反對：「即使再怎麼
欺騙神明，天道都不容假造，天命也不會變更。所以，如何能夠
祓除惡祟呢？原本，天上出現彗星是爲了清除污穢。如果君主的道德
沒有污損，就沒有進行祓除的必要。如果君主的道德有所玷污，即
使想要祓除也不會有效果。巫祝或史官等人的巫術根本不會產生任
何的助益。」

　　晏嬰也同樣在承認天道的權威本身，並且排除藉由巫祝或史官
等人之巫術對天道發生作用的想法。一面維持天人相關的架構，一
面只否定巫術之有效性，在這一點上，子產與晏嬰的立場完全一致。
與此非常相似的結構，在《禮記・檀弓下》也可見到。

歲旱，穆公召縣子而問然。曰：「天久不雨，吾欲暴尪而奚
若？」曰：「天則不雨，而暴人之疾子，虐，毋乃不可與？」
「然則吾欲暴巫而奚若？」曰：「天則不雨，而望之愚婦人，
於以求之，毋乃已疏乎？」

　　魯國發生旱災。穆公召縣子來詢問：「如果將面孔只能上仰、看
起來像是向天乞求憐憫的殘障者，曝曬在烈日之下來祈雨，如何？」
縣子反對，說：「原本上天就不想降雨，我們卻在乾旱的烈日下曝曬
身體殘障的孩子，真是毫無慈悲心的野蠻行徑。」於是，穆公又問：

「若是曝曬女巫祝，如何？」但是，縣子還是反對，答說：「天不願降雨，我們卻期待愚昧的婦人帶來降雨，真是豈有此理的想法。」縣子也認為，既然是天不願意降雨，女巫祝就沒有改變上天意志的力量，因此他也是承認上天之權威，並且否定巫術的有效性。

　　如此，一邊承認上天或天道的權威本身，維持天人相關的架構，一邊只有否定使用巫術企圖影響上天或天道的方法。在這一點上，〈魯邦大旱〉與子產、晏嬰、縣子等人的立場如出一轍。這種思維提倡「從依賴巫祝之巫術的政治，轉為重視君主之德的政治」之轉換，藉由主張「唯有君主之德能夠影響上天或天道」的形式，企圖使原本即為最高巫祝的君主，回復並且獨佔對上天或天道的神通力量。此一思想動向是春秋後期、公元前六世紀——即鄭之子產、晉之叔向、齊之晏嬰等，以貴族身份輔佐君主之賢人政治家們活躍的時代——所興盛的新思潮。

〈魯邦大旱〉的思想結構：一方面以刑德論維持天人相關思想之結構，另一方面否定宗教性的祭祀，也是這種潮流的接受者。

　　在《晏子春秋‧內篇諫上》晏子諫第十五〈景公欲祠靈山河伯以禱雨〉之中，也存在與〈魯邦大旱〉極為相似的記述。

> 　齊大旱逾時。景公召群臣問日：「天不雨久矣，民且有飢色。吾使人卜云，祟在高山廣水。寡人欲少賦斂，以祀靈山，可乎？」群臣莫對。晏子進日：「不可。祀之無益也。夫靈山固以石為身，以草木為髮。天久不雨，髮將焦，身將熱。彼獨不欲雨乎？祀之何益。」公日：「不然，吾欲祀河伯，可乎？」晏子日：「不可。河伯以水為國，以魚鱉為民。天久不雨，泉將下，百川將竭，國將亡，民將滅矣。彼獨不欲雨

乎？祀之何益。」景公曰：「今爲之奈何？」晏子曰：「君誠避宮殿暴露，與靈山河伯共憂，其幸而雨乎？」于是景公出野暴露三日，天果大雨，民盡得種時。景公曰：「善哉。晏子之言，可無用乎。其維有德。」

某時，齊國遭受大旱侵襲。景公問群臣：「若依據占卜，這是高山與大川所做的惡祟。因此，我想祭祀靈山與河伯，如何？」晏嬰用與〈魯邦大旱〉中子貢所言幾乎相同的邏輯加以反對。此外，晏嬰還提出「景公離開宮殿，曝曬身體於烈日下，向上天祈求降雨」的替代方案。景公一實行該案之後，果然天降甘霖，百姓們總算趕得及播種。

這個情形也是以上天回應景公之祈求而降雨的形式，來維持天人相關的架構。此外，也否定將旱災視爲山川之作祟而欲祭祀靈山與河伯的巫術。景公離開宮殿、曝曬其身，向天祈求降雨，乍見之下似乎也是肯定巫術的思維。這種色彩確實無法否定。但是，君主集巫祝工作於一身的形式，在扮演「使君主獨佔能夠影響上天之神通力量」之角色的同時，在使重點移往君主之德──犧牲個人身體而欲解救百姓──的方向上也發揮功能。

在此意義上，《晏子春秋》的記述，也與〈魯邦大旱〉的思想架構相差不大。《晏子春秋》雖然可說殘存著較爲古早的風貌，但是兩者之間無法找出值得一提的時代差距，因此，應該視爲與先前介紹的《左傳》或《禮記》等記述屬於同樣的思想脈絡。

第八章

〈恆先〉的道家特色

一

　　上博楚簡〈恆先〉共十三支簡，雖然第五簡和第十三簡的下端略殘，但可以說文字上完全沒有欠缺。竹簡的長度約三十九‧四公分，有三道編線，共五百一十字。第三簡背面記有篇題作「恆先」。下面先將〈恆先〉全文抄錄如下，其順序遵從馬承源主編《上海博物館藏戰國楚竹書》第三冊[1]中李零先生的排序。

　　　　恆先無、有質靜虛。質大質、靜大靜、虛大虛、自厭不自
　　　　忍、或作。有或焉有氣。有氣焉有有。有有焉有始。有始
　　　　焉有往者。未有天地、未」（1）

　　　　有作行。出生虛靜、爲一若寂、夢夢靜同、而未或明、未
　　　　或滋生。氣是自生、恆莫生氣。氣是自生自作。恆氣之」（2）

---

[1] 上海古籍出版社 2004 年 4 月。

生、不獨有與也。或恆焉、生或者同焉。昏昏不寧、求其
所生。翼生翼、畏生畏、悼生悲（悼）、悲生悼（悲）[2]、哀
生哀、求欲自復、復」（3）

生之生行。濁氣生地、清氣生天。氣伸[3]神哉、云云相生。
伸盈天地、同出而異性、因生其所欲。察察天地、紛紛而」
（4）

復其所欲。明明天行、惟[4]復以不廢。知既而荒思不殄。有
出於或、性出於有、音出於性、言出於音、名出於」（5）

言、事出於名。或非或、無謂或。有非有、無謂有。性非
性、無謂性。音非音、無謂音。言非言、無謂言。名非」（6）

名、無謂名▪。事非事、無謂事。詳宜利主、采物出於作
▪[5]。焉有事不作無事。舉天下之事[6]、自作爲、事庸以不可
更也。凡」（7）

---

[2] 從前後的句型來判斷、或許應該改爲「悼生悼，悲生悲」。

[3] 原釋文作「信」、從文意來看改爲「伸」。

[4] 原釋文作「唯」、從文意來看改爲「惟」。

[5] 馬王堆漢墓出土之《帛書易傳・二三子篇》當中、對於乾卦上六的爻辭
有「夫文之交，采物畢存者，其唯龍乎」的記載。從前後的文脈推斷可知「采
物」係指美麗的色彩顏色。是以〈恆先〉的「采物」亦可理解為施以人工色彩
的宮殿之屬。

[6] 筆者據前後之文意於「天」字之下增補「下」字。

多采物、先者有善有治無亂。有人焉有不善。亂出於人。先有中、焉有外。先有小、焉有大。先有柔、焉」（8）

有剛。先有圓、焉有方。先有晦、焉有明。先有短、焉有長。天道既載、惟[7]一以猶一、惟復以猶復。恆氣之生、因」（9）

言名。先[8]■者有疑荒言之、後者校比焉。舉天下之名、虛樹習以不可改也。舉天下之作、強者果天下」（10）

之大作■。其寴㲋不自若作■。庸有果與不果、兩者不廢。舉天下之爲也、無舍也、無與也、而能自爲也。」（11）

舉天下之性同也、其事無不復。（舉）[9]天下之作也、無許恆、無非其所。舉天下之作也、無不得其恆而果遂。庸或」（12）

得之、庸或失之。舉天下之名、無有廢者。與（舉）天下之明王明君明士、庸有求而不慮▲。」（13）

　　接下來，我們來試著驗證一下簡序的如此排列是否妥當。從第一簡與篇題「恆先」之間的關係、以及第一簡中所記載的宇宙生成

---

[7] 原釋文作「唯」，從文意來看改爲「惟」。

[8] 「先」與「者」之間雖有墨釘，但與「後者」相對，此處當爲「先者」。但這裡爲何出現墨釘尚不清楚。

[9] 從前後句型來看，這裡當補上「舉」字。

論的內容上判斷，很清楚第一簡就是起頭簡。第一簡與第二簡因爲有「未有天地」和「未有作行」兩句相對應，兩簡的連續性也可以確認。而第二簡與第三簡、以及第三簡與第四簡之間，並不存在明確表示其連續性的證據。

第四簡與第五簡有「察察天地」和「明明天行」相對，並且均論述了「復」，因此可以確認其連續性。第五簡與第六簡中連續重複出現「Ａ出於Ｂ」的句型，因此可以確認其連續性。第六簡與第七簡連續重複出現「Ａ非Ａ、無謂Ａ」的句型，因此可以確認其連續性。第七簡與第八簡都有「采物」這一術語，因此可以確認其連續性。第八簡與第九簡中連續重複出現「先有Ａ、焉有Ｂ」的句型，因此也可以確認其連續性。第九簡與第十簡之間則沒有明確指明二者連續性的證據。

第十簡與第十一簡、以及第十簡與第十二簡中都有「舉天下之Ａ」的句型，因此可以確認其連續性。第十二簡與第十三簡有「庸或得之」與「庸或失之」相對，因此可以確認其連續性。第十三簡上的墨節、以及墨節下面的留白都表明其作爲最後一支簡是不容置疑的。

由此可知，連續性不明確的是第二簡與第三簡之間、第三簡與第四簡之間、第九簡與第十簡之間。於是有必要探討一下是否存在將第三簡放置在第九簡與第十簡之間的可能性。

假設可能的情況下，第二簡與第四簡連起來，將第二簡結尾與第四簡開頭連讀，則是「恆氣之生之生行」。若是如此，「之生」就應該附帶重文符號，但事實上重文符號並不存在的一點，表明連讀出現了問題，文意也不通。而且若將第九簡與第三簡連起來的話，第九簡結尾與第三簡開頭連讀，則出現「因生」一句，在句型上很

勉強，文意也不通。最後，若將第三簡結尾與第十簡開頭連讀，則成爲「復言名」，文意上也不通順。

　　由此，第三簡放在第九簡與第十簡之間的可能性很小，還是應當把它放在第二簡和第四簡中間。這樣的話，第九簡與第十簡的連續性也就隨之確定了。按照上述考慮，大體上可以承認李零先生的排序是妥當的。

二

　　下面介紹一下〈恆先〉的內容。爲方便討論，筆者將全文整理後分爲八段，每段下面是筆者的解釋。

（1）恆先無、有質靜虛。質大質、靜大靜、虛大虛、自厭不自忍、或作。有或焉有氣。有氣焉有有。有有焉有始。有始焉有往者。

　　恆是原初的階段，這一階段是無，不過只有質、靜、虛微弱地存在著。質後來增大成爲大質，靜也向著大靜增大，虛也向著大虛增大，爲此質、靜、虛三者不滿足於現狀而從恆中分離，或的階段興起了。進入了或的階段便有了氣的存在，有了氣的存在，無就已經不得不向有的世界轉變了。進入了有的世界，事物從起始到終結的變化過程就會伴隨出現，因此產生了叫作「開始」的現象。產生了開始的話，就產生了從原始中分離出去的現象。

（2）未有天地、未有作行。出生虛靜、爲一若寂、夢夢靜同、而未或明、未或滋生。氣是自生、恆莫生氣。氣是自生自作。恆氣之生、不獨有與也。

　　在恆的階段，連天地都不存在，任何事物都沒有發生行動。不
久源自質的氣擺脫了虛和靜產生了出來，但它仍然靜靜地不動，保
持著分化前作爲一個整體的原始狀態。由於維持著茫漠平靜的狀
態，或的世界也尚未取得明確的狀態，或也沒有滋生出各種各樣的
形態。氣是自己產生出來的，不是恆生出來的。氣始終是自己產生、
自己動起來的。於是在氣產生了之後，只有恆對氣的活動也毫無干
預。

（3）或恆焉、生或者同焉。昏昏不寧、求其所生。翼生翼、畏生畏、
悼生悼、悲生悲、哀生哀、求欲自復、復生之生行。

　　既然或自身不滿足於現狀而從恆中脫離出來，那麼從或中產生
出來的那些事物，當然採取了與或相同的行動。不明白道理，心中
混亂迷惑，無法安居於現狀，希望在或的世界裏得到自己所出生的
場所。正如翼（提心吊膽的感情）產生翼，畏懼的感情產生畏懼，
悼的感情產生悼，悲傷的感情產生悲傷，哀傷的感情產生哀傷那樣，
冀求反復產生出自己和自己的同類，所以就形成了反復產生同類的
生存方式。

（4）濁氣生地、清氣生天。氣伸神哉。云云相生、伸盈天地、同出
而異性、因生其所欲。察察天地、紛紛而復其所欲。明明天行、惟
復以不廢。

　　（最初渾然一體的氣不久也開始分化了）濁氣沉降生成了地，
清氣上升生成了天。氣擴展延伸出去的樣子是多麼神奇啊！各種事
物在相互產生出對方的同時，將天地之間充得滿滿的。萬物雖然是
起源於同樣的氣，但各自的性卻不同。因此各自的性（指向性）選

擇在其希望的場所產生出來。萬物摻雜進不穩定的天地間，重複著生出自己同類的生成滅亡的行為。但唯有天的運行，由於日月星辰重複著周期運動，絕不至於有天體滅亡之類的情況。

（5）知既而荒思不殄。有出於或、性出於有、音出於性、言出於音、名出於言。事出於名。或非或、無謂或。有非有、無謂有。性非性、無謂性。音非音、無謂音。言非言、無謂言。名非名、無謂名。事非事、無謂事。

　　無論怎樣竭盡智慧，被迷妄纏住的欲望也不會斷絕。因此從或中產生了有，有中產生性，性中產生聲音，聲音中產生語言，語言中產生名稱，名稱中產生事業。如果「或」沒真正具備「或」的本質，就不會用「或」這一名稱來稱呼它。如果「有」沒真正具備「有」的本質，就不會用「有」這一名稱來稱呼它。如果「性」沒真正具備「性」的本質，就不會用「性」這一名稱來稱呼它。如果「音」沒真正具備「音」的本質，就不會用「音」這一名稱來稱呼它。如果「言」沒真正具備「言」的本質，就不會用「言」這一名稱來稱呼它。如果「名」沒真正具備「名」的本質，就不會用「名」這一名稱來稱呼它。如果「事」沒真正具備「事」的本質，就不會用「事」這一名稱來稱呼它。

（6）詳宜利主、采物出於作。為有事不作無事。舉天下之事、自作為、事庸以不可更也。凡多采物、先者有善有治無亂。有人為有不善。亂出於人。

　　正是因為臣下們對於人類社會的便利舉措進行了詳細分析，謀求為君主帶來利益，正因如此，臣下們便為了興辦事業的欲求而建

設華美斑爛的建築。君主與臣下如果懷有想要興辦事業的追求的
話，如何能夠什麼都不做就得以太平無事呢？若通觀在天下所進行
的事業，因爲人們並未得到「恆」的許可而自作進行，因此這一事
業沒有休止的進行著，絕不會有所變更。若我們思考到爲什麼華麗
的宮室建築有很多的事實之時，儘管在人類出現以前還存在善和
治，而不存在亂。然而人類剛一出現，不善就產生出來了。亂完全
是從人類中產生出來的。

（7）先有中、焉有外。先有小、焉有大。先有柔、焉有剛。先有圓、
焉有方。先有晦、焉有明。先有短、焉有長。天道既載、惟一以猶
一、惟復以猶復。

　　最初有了內的話，轉瞬間外就成立了。最初有了小的話，轉瞬
間大就成立了。最初有了柔的話，轉瞬間剛就成立了。最初有了圓
的話，轉瞬間方就成立了。最初有了晦的話，轉瞬間明就成立了。
最初有了短的話，轉瞬間長就成立了。儘管依據人類兩兩相對的判
斷，大小、柔剛、圓方、晦明、短長等等對應關係都出現了，但它
們不能保持其持續性。既然天道的運行已經開始了，那麼唯有天道
的一定性才能永遠地維持其一定性，唯有天道應有的反復的狀態會
永遠地反復下去。

（8）恆氣之生、因言名。先者有疑荒言之、後者校比焉。舉天下之
名、虛樹習以不可改也。舉天下之作、強者果天下之大作。其寵尨
不自若作。庸有果與不果、兩者不廢。舉天下之爲也、無舍也、無
與也、而能自爲也。舉天下之性同也、其事無不復。（舉）天下之作
也、無許恆、無非其所。舉天下之作也、無不得其恆而果遂。庸或

得之、庸或失之。舉天下之名、無有廢者。舉天下之明王明君明士、庸有求而不慮。

　　從氣一開始產生，「恆」就依據語言給萬物命名了。在恆先的階段中，曾以模糊的方式使用名稱，後世出現的人類將各個事物進行比較、研究，制定了採用相對判斷的嚴密的名目體系。綜觀天下的名稱，全都不過是虛名而已，但是由於這些名稱從建立以來，在長久的時間內形成了習慣，如今已不可能更改。綜觀天下的興起者，全都是強大者因爲尊重果斷而在世界上興起來的。全都希望膨脹擴張，但不會一動不動的就興起。由於採用了在果斷與猶豫之間設置優劣之差的做法，所以兩者間的差別將一直存在。綜觀天下的作爲，全都是不安定地、不遵從「恆」地、自己隨便做出的行爲。綜觀天下的性的共同性，沒有不重複生出自己同類的行爲的。綜觀天下的興起者，他們均並沒有反省不接受「恆」應有的狀態，而因自己以錯誤做法獲得某地的事情。綜觀天下的興起者，不掌握「恆」應有的狀態就不能完成他們的事業。即使不用「恆」而用「或」去獲取成功，結局是由於用了「或」的事而失敗。綜觀天下的名稱，儘管是虛名但也並沒有要廢絕的。綜觀天下的明王、明君、明士，他們在用「或」追求著事業的成功，不過，他們不明白這是違背「恆」的不正當行爲。〈附圖參照〉

三

　　接下來我們來考察一下〈恆先〉的思想結構。首先在第（1）段中記載了獨特的宇宙生成論。「恆」被認爲是宇宙的原始。第一簡的開頭是「恆先」，「恆」是表示宇宙原始本身，「先」是表示「恆」的時期。因此「恆先」的意思就是「叫做恆的原始的階段的時期」。

上博楚簡〈恆先〉圖

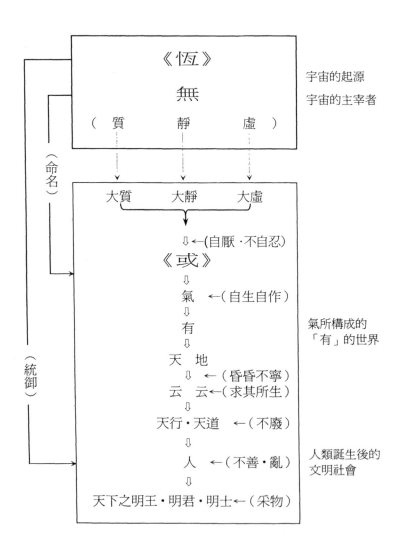

　　與此類似的表現,在馬王堆漢墓出土的黃帝書〈道原〉的開頭也可以見到。在後者中寫作「恆无之初」,「恆无」二字被認爲是表示宇宙原始本身,而「初」則是指原始的時期而言。也就是說「恆无之初」的意思是「叫做恆无的原始的階段的時期」。順便提一句,「恆无之初」這一表達也使我們窺見到〈道原〉的作者已知道〈恆先〉的存在,並以此爲依據的可能性。

　　由此表示宇宙原始本身的詞語只「恆」一字而已。這一點從後文中「恆」的單獨出現,如第(2)段的「恆莫生氣」、第(8)段的「天下之作也、無許恆、無非其所」、「舉天下之作也、無不得其恆而果遂」等等,以及「恆先」一詞在後文中再沒出現的情況看,都可以得到證實。的確,篇題是「恆先」,但這是因爲篇題取自開頭兩字,並不能成爲「恆先」是宇宙原始本身的證據。

　　此外李零先生把「恆先」作爲「道」的別稱,但是所謂指《老子》的道而言的「道」一詞在〈恆先〉中完全見不到。所以無論是「恆先」還是「恆」,都不應該視爲「道」的別稱。「恆」是表示宇宙原始的「恆先」的獨特的術語,應該把它視爲是與《老子》完全不同的兩個系統的概念。

　　〈恆先〉的作者說在「恆」這個原初時期,世界是無,即「恆先無」,只有質、靜、虛三者從最初開始存在著。這與《老子》的宇宙生成論顯示出非常相似的特性。《老子‧第四十章》有「天下萬物生於有,有生於無」,即從無中生出有,從有中生出萬物的説法。然而〈第四十章〉的解釋很唐突,爲何從無中生出有仍然沒講明白。而《老子‧第二十一章》云:「道之爲物,唯恍唯忽,忽兮恍兮,其中有象。恍兮忽兮,其中有物。窈兮冥兮,其中有精」,説明了作爲恍惚、窈冥的道,其中包含著象、物、精等物質要素,因

此有了從無向有的轉變。就像〈第十四章〉中「故混而爲一」、〈第二十五章〉中「有物混成，先天地生」等描寫的那樣，《老子》的道從最初開始就帶有物質特性。因爲如果不是這樣，就無法解釋從無到有的轉變爲何產生了。〈恆先〉所謂在「恆先」時世界是無，但存在著質、靜、虛三者，這一說法顯示了與《老子》相同的思想結構。

最初微小的質、靜、虛三者不久開始膨脹。向著大質、大靜、大虛增長的三者，對於被封在無當中的現狀不滿，企圖從「恆」中脫離出來。其結果是，在「恆」的時期不存在的「或」的時期出現了。「或」恐怕是由「惑」的意思而得以命名的。〈恆先〉最大的特色就在於設定了原初的世界「恆」和後起的世界「或」，並且通過對比「恆」與「或」這兩個時期、兩種世界，說明了宇宙的生成以及世界的基本構造。

《老子・第四十章》有「天下萬物生於有，有生於無」，〈第四十二章〉有「道生一，一生二，二生三，三生萬物」，這些也在說明從「道」的階段，向產生萬物的「有」的階段的轉變，但是沒有建立概括後一階段的概念。相比之下，對「恆」與「或」進行對比的〈恆先〉，其思想結構具有《老子》所沒有的特色。

〈恆先〉的思想特色，可以說是此對於「氣」的生成論之解說。〈恆先〉的作者以第（1）段中「有或焉有氣，有氣焉有有」敍述了進入「或」的階段後，便產生了氣，但第（2）段中「出生虛靜」一句，關於從虛靜中出生的是什麼這一點，並沒有明確指示其主語。不過第（2）段的後文全部都在敍述氣的發生，因此恐怕主語就是氣。

如果依據第（2）段的闡述：「氣是自生」、「氣是自生自作」，那麼氣就不是由別的事物作爲它的母體而出生的，而是它自己出生、自己到處活動的。因此，正如「恆莫生氣」、「恆氣之生，不獨有與

也」,「恆」對氣的發生沒有任何干預。若是如此,在〈恆先〉思想體系中,即使說由「恆」向「或」轉變的萌芽存在於「恆」內在的質、靜、虛當中,從靜虛中自生出來而形成了「或」的世界的氣,因此在此與作為宇宙原始的「恆」之間原本是絕對之他物,而彼此隔絕。

《老子‧第四十二章》也以「道生一,一生二,二生三,三生萬物。萬物負陰而抱陽,冲氣以為和。」這樣的流出論形式講述宇宙的生成,但並沒有設定「道」與「冲氣」之間本質性的斷裂關係。〈第十章〉所謂「專氣致柔、能嬰兒」,也同樣沒有對氣本身作否定的對待。

與此相反,〈恆先〉中的氣在從作為無的「恆」的階段,向作為有的「或」的階段轉變中,承擔著作為世界退化的象徵的角色。在《老子》中,〈第三十四章〉云:「大道氾兮,其可左右。萬物恃之而生」,〈第三十九章〉云:「萬物得一以生」,是說萬物從作為母親的道中出生,競相變得強壯而從道中脫離,隨之便會陷入〈第五十五章〉所謂「不道」的退化狀態。退化則慢慢地進行著。然而在〈恆先〉中,「恆」與「或」之間的斷裂關係是被明確設定的,因此也不可能在「恆」與氣之間建立母子關係。於是作者乃採用氣與「恆」無關地、自己隨意產生出來的形式。這種氣的生成論也是《老子》中見不到的〈恆先〉的特色。

剛從靜虛中產生出來的氣,就如同第(2)段中所說「為一若寂、夢夢靜同」,仍然處於混沌狀態,尚未分化。由於「或」與氣是表裏一體的關係,所以第(2)段又說「未或明,未或滋生」,「或」也是在混沌、未分化的狀態中存在著。

〈恆先〉的第(3)段記述了萬物從「或」的世界中產生出來的

狀況。既然「或」自身不滿足於「恆」而從「恆」中脫離出來,那麼產生於「或」的世界中的事物也就採取了同樣的行動。因此「昏昏不寧、求其所生」這一動機,也就顯示出和第(1)段「自厭不自忍、或作」這一「或」產生的動機相同的性質。就這樣,把對現狀的不滿和抑鬱作爲萬物產生的動機這一點,與《老子》的宇宙生成論有相似的一面,但還存在著微妙的差異。

在《老子》中,如〈第十六章〉說:「萬物並作、吾以觀其復。夫物芸芸,各復歸其根。歸根曰靜,是謂復命。復命曰常,知常曰明」,以及〈第三十七章〉說:「道常無爲而無不爲。侯王若能守,萬物將自化。化而欲作,吾將鎮之,以無名之朴」,從道中產生的萬物懷有一種「化而欲作」的欲望。「化而欲作」就是對現狀不滿、抑鬱的感情,因此可以說在這一點上《老子》與〈恆先〉具有相似的特性。

然而〈恆先〉敍述的是,從「或」的世界產生出來的萬物如第(3)段所說:「翼生翼,畏生畏,悼生悼,悲生悲,哀生哀,求欲自復,復生之生行」那樣希望反復。A 要產生於與自己同類的 A,B 要產生與自己同類的 B 的重複行爲,和荔枝只顧反復生出荔枝,兔子只顧反復生出兔子一樣,似從作者對生物爲了保存物種,而進行的繼種模式的觀察而來。這是與《老子・第三十九章》所說「萬物無以生、將恐滅」類似的思考。

但是《老子》並沒有像〈恆先〉所說那樣把「復」放在萬物的欲望中。《老子》所說的「復」,正如〈第十六章〉所說:「萬物並作,吾以觀其復。夫物芸芸,各復歸其根。歸根曰靜,是謂復命。復命曰常,知常曰明」,意味著:競相強盛的萬物最終都回歸到根本的道。把反復生出自己和同類的「復」放入萬物的欲望當中,這一點也是

〈恆先〉與《老子》不同的特點。

　　〈恆先〉第（4）段中描寫了天地和萬物的產生。混沌一體的氣開始分化，濁氣形成地，清氣形成天。氣進一步持續分化、擴展，萬物相互產生，充滿了天地。「云云相生」似乎想作是〈太一生水〉中所說的「神明復相輔也，是以成四時。四時復相輔也，是以成滄熱」那樣一種產生形式。由於在《老子》中看不到明確的關於萬物產生的「相生」的觀點，因此這一點也可以說是〈恆先〉不同於《老子》的特點。

　　此外〈恆先〉的作者在第（4）段中敘述了「同出而異性，因生其所欲」，也就是說萬物雖然產生於相同的氣，但各自的性卻不同。這種性的差異緊接著引起了「所欲」的差異。因此就像鳥出生在樹上，魚出生在水中那樣，萬物選擇了在各自所希望的場所中產生出來。〈恆先〉第（5）段有「性出於有」一句中，也提到了性，而這種論述萬物的性的觀點在《老子》中是不存在的。這也同樣是顯示〈恆先〉道家思想的重要特點。

　　第（4）段的「察察天地，紛紛而復其所欲」一句中，「天地」係萬物所遵從各自性的指示而選擇所希望之地，並且反復其生成滅亡的場所。與此相對「明明天行」一句，則是對儘管與萬物同樣重複著反復運動，但這與伴隨著個體死亡的萬物的反復運動不同，因此我們可以將之理解為永遠不會死滅的一種理法。

　　〈恆先〉否定「或」的世界之價值，不過對第（4）段的「天行」和第（7）段的「天道」還是採取了肯定態度。《老子》謂：「天之道，不爭而善勝」（〈第七十三章〉）、「天之道，其猶張弓乎。高者抑之，下者舉之。有餘者損之，不足者與之」（〈第七十七章〉）、「天道無親，常與善人」（〈第七十九章〉）、「天之道，制而不害」（〈第八十

一章〉)，把「道」作爲生出萬物的宇宙本體，而把萬物作爲最終應該回歸於道的存在，同時也肯定地對待作爲萬物的一種的天道。這一點上，〈恆先〉與《老子》具有相同的看法。進一步說，〈太一生水〉雖然把太一作爲宇宙的原始，而謂：「天道貴弱，削成者以益生者」，在此「天道」一詞受肯定，顯示出與《老子》、〈恆先〉相似的思想。

正如《詩》、《書》中記載的那樣，把由上天、上帝變成的人格神作爲宇宙的主宰者，是周初以來傳統的世界觀。與此相對，極力淡化由人格神的意志支配宇宙的觀念，將日月星辰的運行、晝夜交替、四季循環等顯示出來的規律性視爲「天道」的規則化觀念，則源於古代史官的天道觀。[10] 對此，雖然《老子》、〈恆先〉、〈太一生水〉分別將「道」、「恆」、「太一」作爲宇宙的原始，但三者都沒有排除先行的天道思想，而是將其納入自己的思想中肯定地繼承了下來。

〈恆先〉第（5）段開頭「知既而荒思不殄」，是說無論萬物怎樣使用智慧，被迷惘纏住的欲望都不會斷絕。這句話放在這個位置的必然性，現在還有一點不明確，不過，這句似乎說明下文描述「或→有→性→音→言→名→事」如此連續產生的連鎖之起因。其中「音出於性」的意思是如果性不同，產生的聲音也會不同。

從這裡往下，「A非A、無謂A」的句型，以描述上述概念的連鎖的形式反復出現，不過「謂」的主語是誰並不明確。從「或非或，無謂或。有非有，無謂有」一句看，因爲提到了對「或」、「有」的

---

[10] 關於史官的天道思想與道家思想的關係，參見拙著《黃老道の成立と展開》（創文社・一九九二年）第一部・第十二章・第十三章。

命名,所以主語是對於「或」、「有」先行的存在,恐怕就是「恆」。

　　從第(1)段到第(5)段,基本上是以宇宙生成論爲主題,而進入第(6)段後,則開始討論人類誕生的問題了。群臣爲了謀求人類社會的便利,爲君主創造利益,產生了建造華麗的建築物以作爲君主的功績的設想。因爲君主如果想要興辦事業的話,必然要建造許多的建築物。

　　然而,若綜觀天下的建築宮室的事業,如此事業並未得到「恆」的許可。然而人類仍持續地任意建造華美的建築物,這種獲取資源的事業也絕不會改變。

　　說起來,就算有許多華美宮室存在,但在人類產生以前,此種想法本身並不存在,因而世界上只有善和治,亂並不存在。然而人類剛剛誕生,就確立了要使自己身外的事業獲得成功的目標,而相競建造華美的宮室建築並誇耀己身功業的不善和混亂就產生出來了。

　　如此,〈恆先〉的作者把人類的存在明確規定爲惡。原本「或」自身就是從「自厭不自忍」的惑亂且負面的感情中產生出來的,而且生於「或」中的萬物也是從「昏昏不寧」的惑亂感情中產生出來的。因此如果從〈恆先〉作者的價值標準出發,就會對「或」以及「或」中產生的萬物給予否定的評價。不過「或」也好,萬物也好,都還沒有被明確的評價爲「不善」。對此,唯人類被斷定爲「不善」和「亂」的根源。

　　按照這樣把人類從萬物中單獨抽出來,而且規定人類存在本身是惡的元凶,這樣的主張在《老子》中也好、〈太一生水〉中也好,

都是完全見不到的。這也是〈恆先〉道家思想的重要特色。[11]

　　〈恆先〉第（7）段中敍述了中外、大小、柔剛、圓方、晦明、短長等的先後關係。但是在「先有中、焉有外」的時期，尚不能明確區分中和外之前後關係。如果重視前一句的「亂出於人」，那麼就可以理解爲人類開始使用相對判斷後，首先完成「中・小・柔・圓・晦・短」的系統，其次建立了「外・大・剛・方・明・長」的系列，六種對應關係就全部出現了。〈恆先〉僅僅停留在敍述兩個系列的先後關係上，並沒有明確表示兩者間的優劣。不過，這些先後關係冥冥之中大概是按照前者爲優、後者爲劣的價值序列來講述的吧。關於這一點我們來與《老子》進行一下比較。

　　在這六種對應關係中，關於「中」與「外」在《老子》中找不到明確地記述。關於「小」與「大」，《老子》有「道常無名。朴雖小，天下不敢臣」（〈第三十二章〉）、「常無欲可名於小。萬物歸焉而不爲主。可名爲大。是以聖人，終不爲大」（〈第三十四章〉）、「見小曰明」（〈第五十二章〉）、「爲無爲，事無事，味無味，大小多少」（〈第六十三章〉），也把「小」作爲道的性質中的一點，放置在比「大」更優勢的位置上。

　　關於「柔」與「剛」，《老子》有「天下之至柔，馳騁天下之至堅」（〈第四十三章〉）、「守柔日強」（〈第五十二章〉）、「柔弱者生之徒」（〈第七十六章〉）、「弱之勝強，柔之勝剛，天下莫不知」（〈第七十八章〉），與「剛」相對的「柔」處於優勢，這一點說得很明白。關於「圓」與「方」《老子》中沒有直接的記述，不過「曲則全、枉

---

　　[11] 關於黃帝書中如何解釋惡的產生原因，參見拙著《黃老道の成立と展開》第一部・第四章・第五章。

則直」(〈第二十二章〉)、「大方無隅」(〈第四十一章〉)、「大直若屈」(〈第四十五章〉)等敍述曲線勝於直線之處,可以說是稍稍近似的觀點。

關於「晦」與「明」,《老子》中並沒有直接述及的地方。不過從「明道若昧」(〈第四十一章〉)、「和其光,同其塵,是謂玄同」(〈第五十六章〉)、「光而不曜」(〈第五十八章〉)的主張看,《老子》確實是把「昧」、「玄」放在比「明」更優勢的位置上。關於「短」與「長」,雖然有「長短相形」(〈第二章〉)一句,但把「短」放在比「長」優勢的位置的這樣的主張似不存在。

這樣看來,明確地與《老子》相同的是「小大」和「柔剛」二例,雖然不明顯但類似的是「圓方」和「晦明」二例。因此雖然不是完全一致,但〈恆先〉與《老子》之間仍可以看到部分相同的價值觀。

第(7)段的內容並不是直接敍述萬物的生成,而是敍述相對判斷的形式所建立的過程。在這個意義上,第(7)段作為一個整體與「天下皆知美之為美,斯惡已。皆知善之為善,斯不善已。故有無相生;難易相成;長短相形;高下相傾;音聲相和;前後相隨」的《老子・第二章》非常相似。但《老子》中將「天下皆知美之為美,斯惡已。皆知善之為善,斯不善已」,即:「出自人類的美惡、善與不善的相對價值判斷不能成為絕對判斷」的主張當作整個論述的導論,因此能夠明確的理解其主旨是有無・難易・長短・高下・音聲・前後等出自人類的相對判斷,不能成為絕對判斷。

然而〈恆先〉中並沒有明確說明中外・小大・柔剛・圓方・晦明・短長等相對判斷是從人類的認識行為中產生的。因此,我們也許可以理解這一段的主旨是,中先存在、外後存在的先後關係是與

人類的認識行為無關，在對象的世界中建立的。但是剛剛前一句還
把人類說成是諸惡的元凶，因此更有可能其意思是說，雖然人類進
行了相對判斷，捏造了虛構的名稱的體系，但這些不能維持天道那
樣的一定性和恆常性。

　　最後一段第（8）段是〈恆先〉中最難理解的。關於開頭的「恆
氣之生，因言名」，李零先生把「恆氣」二字解釋為原始的氣。可是
第（2）段中有「氣是自生、恆莫生氣。氣是自生自作。恆氣之生、
不獨有與也」，清清楚楚地說氣的產生與「恆」完全無關，因此把「恆」
與氣結合、把第（8）段的「恆氣」解釋為原始的氣，不太合理。

　　「恆氣」二字在第（2）段「恆氣之生」一句中也有出現，前述
第（2）段整段的主旨就是強調「恆」與氣的斷絕，這一點不容置疑。
如此一來，一方面強調「恆」與氣的斷絕，另一方面主張「恆」與
氣結合而存在「恆氣」，這是完全矛盾的。因此，第（2）段的「恆
氣」二字意思是原始的氣的可能性極低。第（8）段的「恆氣」也是
一樣，不能理解為是指原始的氣。

　　因此第（8）段開頭的「恆氣之生，因言名」應該解釋為，在氣
從「或」的世界中產生出來的階段，「恆」依據語言給萬物命名。話
雖如此，但不是由人，而是由「恆」使用語言來命名，就不可避免
地讓人產生不可理解的印象。因為一般而言，只有人類使用語言才
可謂合理。

　　關於「言」，第（5）段記載了「或→有→性→音→言→名→事」
的產生順序。如果按照一般的思考，我們會把這一序列中「言→名
→事」的部分理解為是指代人類誕生以後的階段。不過〈恆先〉的
作者完全沒有表示出這樣的劃分。因此就留下了依據語言給萬物命
名的主體是「恆」的可能性。若我們考慮到第（5）段從「或非或，

無謂或」到「事非事，無謂事」的「謂」的主語沒有明確的表示，而這假設為「恆」，那麼理解第（8）段中依據語言進行命名的主體也仍然是「恆」就妥當了。

接下來第（8）段說「先者有疑荒言之，後者校比焉」。這裡也出現了先後關係，不過還不明確是以什麼時期作為劃分先後的界限。「疑荒」的意思也不是很清楚，不過，若我們考慮「疑荒」一詞是「通過與嚴密的比較、審核」之意的「校比」進行對照，我們便推測它是曖昧、漠然的意思。如此而言即是說，「恆」在氣產生之後，採用語言給萬物命名，「先者」就繼續使用曖昧的名稱，「後者」則對那個名稱進行細緻的比較和審核。「後者」明顯是指人類，那麼「先者」指誰呢？在人類誕生以前使用名稱的，這個主體除了親自給萬物命名的「恆」以外，應該沒有其他了吧。

如前所述，「恆」用語言來命名，並親自運用那些名稱，一看就讓人覺得奇異。不過，《老子》中也存在與此相同的觀點。馬王堆漢墓出土的帛書《老子》甲本〈第一章〉記載「道可道也，非恆道也。名可名也，非恆名也。无名萬物之始也。有名萬物之母也」[12]。既然有「名可名也，非恆名也」，則《老子》是把「名」設定為保持恆常性的「名」和不能維持恆常性的「名」兩類。如此一來，持續維持恆常性的前一個「名」就不是由人類命名的名稱了。那麼是誰產生「恆名」的呢？這個主體除了《老子》中的「道」以外就沒有了吧。

〈第一章〉還謂「无名萬物之始也」，就是說「無名」的狀態才是萬物的原始。由於在「無名」階段中的萬物不能識別彼此的異同，

---

[12] 本稿基本上引用《老子》河上公本，與傳世本存在重大差異之處則使用帛書《老子》。沒有特別說明之處全部是河上公本《老子》。

在認識上還處於未分化狀態。由此〈第一章〉繼續講「有名萬物之母也」，就是說萬物得到了各自的名稱，進入了「有名」的狀態，而這一狀態正是生出萬物的母體。這一「有名」階段的萬物，因爲各自被命名、被識別了彼此的異同，在認識上也就處於了分化狀態。由於這一階段的命名行爲的主體不可能是人類，因此實行從「無名」到「有名」轉變的命名行爲的，終歸還是「道」。

另外，帛書《老子・乙本》的〈第三十二章〉謂：「始制有名。名亦既有、夫亦將知止。知止所以不殆」。這裡的「始」與〈第一章〉「无名萬物之始也」中的「始」一樣，是指萬物仍然「無名」的時期。在仍然「無名」的「始」的時期中，「道」給萬物命名，使其向「有名」的階段轉換。可是如果「名」完全包含了「有」的世界的話，那時「道」的命名行爲就中止了。因爲如果命名完成之後仍不打算停止，而是進一步探求細緻的名稱的話，就會瀕臨危險了。「道」在從「無名」到「有名」的轉換之際，命名的名稱就是第一章中所謂「恆名」，而後來人類追求嚴密而命名的名稱則是「非恆名」。

如此，在《老子・第三十二章》中也說「道恆无名」（甲本〈第三十七章〉），即最初進行命名行爲的，是因自身持續無名而超越萬物存在的「道」。如果參照《老子》中的這種觀點，可以說〈恆先〉中「恆」用語言給萬物命名的觀點作爲道家思想，也絕不奇異。第（8）段中的「先者有疑荒言之」是說，「恆」最初命名的名稱，是不陷於嚴格考察之一種曖昧模糊狀態；而相對地，「後者校比焉」的意思按照《老子》的思想來看的話，相當於說不知道停止的人類競相追求細緻而造出了「非恆名」的名稱的行爲。

接下來第（8）段說「舉天下之名，虛樹習以不可改也」。「天下之名」是指人類爲了除去「疑荒」而通過「校比」做出來的名稱。

如果以〈恆先〉作者的價值觀爲基礎，這些只不過是「虛」的名稱而已。不過人類誕生之後樹立了採用虛名的名目體系，並且因爲長久使用而形成了習慣，所以再也不能恢復「恆」所命名的名稱了。

接著〈恆先〉說：「舉天下之作，強者果天下之大作。其寵尨不自若作。庸有果與不果，兩者不廢」。「強者」是說欲逐漸強大的興起者，更具體地說，是指爭奪天下霸權的有實力的諸侯。他們尊崇斷然完成事業的果斷而興起了。「寵尨」二字很難理解，不過我認爲「尨」與「膨」同義，「寵」則與燦的意思相近。恐怕「寵尨」二字的意思是閃耀著膨脹起來。有實力的諸侯渴望榮譽和擴張，無法安定，爲達成霸業而興起。他們諸侯的價值觀在果斷與猶豫不決之間設立了優劣之差，〈恆先〉的作者說，因此兩者的差異也不會被廢止。

在這裡「作」、「大」、「強」、「果」等被作爲否定的對象，同樣的傾向在《老子》中也可以看到。《老子・第三十章》謂：

> 以道佐人主者，不以兵強天下。其事好還。師之所處，荊棘生焉。大軍之後，必有凶年。善者果而已。不敢以取強。果而勿矜，果而勿伐，果而勿驕。果而不得已。果而勿強。物壯則老。是謂不道。不道早已。

在引文中，「強」和「果」被看作是有背於道的所作所爲而被否定。〈第四十二章〉也有「強梁者，不得其死」，否定了「強」。此外〈第三十四章〉有「是以聖人終不爲大」，否定了追求功業形式的「大」。〈第十六章〉有「萬物並作，吾以觀其復」。〈第三十七章〉有「化而欲作，吾將鎮之以無名之朴」，否定了「作」。由這一點可以指出〈恆先〉與《老子》具有類似的思想傾向。

　　〈恆先〉下面說：「舉天下之爲也，無舍也，無與也，而能自爲也」，是說「爲」的產生原因在於既不甘於現狀，又不能順從「恆」應有的狀態，這是自己想要隨意行動的精神。尊崇「無爲」的《老子》裏也有「將欲取天下而爲之，吾見其不得已。天下神器，不可爲也。爲者敗之、執者失之」（〈第二十九章〉），而同樣地否定這種形式的「爲」。接下去「舉天下之性同也，其事無不復」一句的意思，則與第（3）段和第（4）段中相關部分已經提出了我的解釋。

　　在下面〈恆先〉說：「舉天下之作也，無許恆，無非其所。舉天下之作也，無不得其恆而果遂。庸或得之，庸或失之」。在這裡，「作」是作爲未得到「恆」許可，而做出的不正當行爲被明確地否定了，並且認爲不掌握「恆」應有的狀態，無論怎樣追求成功也絕不會有所成就。

　　應當注意的是所謂「無許恆」、「不得其恆」的表現。從這些表現中可以看出，「恆」並非只係宇宙的原初階段，而是當世界轉變到「或」的階段之後，仍然在背後繼續制御、支配「或」的世界的宇宙主宰者。這與《老子》所謂「道冲而用之或不盈。淵乎似萬物之宗」（〈第四章〉）、「執古之道，以御今之有」（〈第十四章〉），即「道」是萬物產生之後仍在背後繼續制御宇宙的主宰者。在這裡也可以發現〈恆先〉與《老子》之間具有類似的結構之事實。〈太一生水〉也說：「太一生水。水反輔太一，是以成天。天反輔太一，是以成地」，即「太一」是宇宙的原始，但同時又說：「是故太一藏於水，行於時，周而或成。以生爲萬物母。一缺一盈，以紀爲萬物經。此天之所不能殺，地之所不能釐，陰陽之所不能成」，即「太一」雖然潛藏在水中，但仍是制御宇宙的主宰者。在這個意義上，〈恆先〉的「恆」與《老子》的「道」以及〈太一生水〉的「太一」，顯示出非常相似的

特性。

　　如此,〈恆先〉中的「恆」具有宇宙主宰者的特性,因此正如〈恆先〉警告說:「庸或得之,庸或失之」,雖然看起來是用「或」的做法獲得了成功,但結局終究是失敗。由這一點也可以看出,〈恆先〉與敍述了《老子》所云:「將欲取天下而爲之,吾見其不得已」(〈第二十九章〉)、「以道佐人主者,不以兵強天下」、「物壯則老。是謂不道。不道早已」(〈第三十章〉)、「夫樂殺人者,則不可以得志於天下矣」(〈第三十一章〉),即主張用背於「道」的做法不能成就霸業的《老子》具有共同性。

　　接下來的「舉天下之名,無有廢者」一句,與前面出現的「舉天下之名,虛樹習以不可改也」的意思基本相同。〈恆先〉在最後以「舉天下之明王明君明士,庸有求而不慮」一句作總結概括。起頭的文字在竹簡上是「與」,不過這裡的「與」應該和「舉」同義。第(8)段中「舉天下之……」的句型頻繁出現,這裡也應該理解爲「舉天下之明王明君明士」這樣的句型。綜觀天下的明王、明君、明士的做法,雖然他們全是用「或」來追求事業的成功,但這卻不能洞察結局歸於失敗之事。

四

　　下面依據目前爲止已經討論過的〈恆先〉的思想內容,來考察一下〈恆先〉在古代思想史方面的意義。在〈恆先〉、《老子》和〈太一生水〉之間,我們看到了很多的共同性。第一,具備從宇宙的原始說起,批評當今人類社會的存在方式之思想,而如此乃展現將宇宙生成論與文明批判相結合的思想構造。但是〈太一生水〉中與宇

宙生成論部分相比，文明批判的部分較少，這很可能是由於這一部分的竹簡缺損較多的緣故。

第二，〈恆先〉和《老子》都把「無」規定為宇宙的原始。〈太一生水〉並沒有明確說宇宙的原始是「無」，不過如果唯有「太一」是曾經存在的原初階段，那麼那時天地、萬物就還不存在，因此實質上也就是主張宇宙的原始是「無」。

第三，〈恆先〉的「恆」、〈太一生水〉的「太一」、《老子》的「道」，三者顯示出極為相似的特性。這三者全都是宇宙的原始，同時還都是在萬物產生之後依然在背後統括現今世界的宇宙主宰者。因此三者也應該被稱為宇宙的絕對神，不過儘管這樣，上天、上帝所具有的人格神的要素還是被極力淡化了。通過這一點顯示出了三者共同的特性。

第四，〈恆先〉、〈太一生水〉、《老子》三者各自一方面以「恆」、「太一」、「道」作為宇宙的主宰者，但另一方面在各自的體系中都肯定地吸收了將「天道」理法化的天道思想。在〈恆先〉與〈太一生水〉中，上天或上帝概念均完全沒出現。也就是說二者都完全地無視和排除先行的上天、上帝。唯有《老子》以「象帝之先」（〈第四章〉）一句，僅僅一次的提到了上帝的存在，不過這也是為了使上帝讓道先行，宣言與上帝相對的「道」的優勢；作為宇宙主宰者的上天、上帝的樣子，在《老子》裏也是全無的。與這種對待上天、上帝冷淡的態度相比，可以說三者對「天道」都是肯定的。

第五，〈恆先〉〈太一生水〉《老子》三者都強烈批判了人類想要獲得強大、滿盈的行為。〈太一生水〉中雖然較少見到這方面的內容，但那是因為這部分的竹簡缺損較多，而從所謂「天道貴弱。削成者以益生者」的表現看，〈太一生水〉中確實存在著相同的思想。

　　第六,〈恆先〉和《老子》都具有討論給萬物命名的認識論觀點。而且兩者還具有區別萬物產生時,宇宙主宰者進行的命名行爲與後來人類進行的命名行爲的思想,這一點也顯示出很強的共同性。與此相對在〈太一生水〉中缺少認識論的觀點,乃說:

> 下土也,而謂之地。上氣也、而謂之天。道亦其字也。請問其名。以道從事者必託其名。故事成而身長。聖人之從事也、亦託其名。故功成而身不傷。天地名字並立。

引文只不過以用名和字來解釋道與天地之關係一點。

　　至此我們指出了〈恆先〉〈太一生水〉《老子》三者的共同特點。當然不用說三者之間也存在著重要的差異。下面就來指出其中的幾點。

　　在〈恆先〉中「恆」與「或」被設定爲兩個斷絕的世界。「恆」之內含有的質、靜、虛增長後對「恆」不滿,這一點雖然後來成爲「或」的世界產生的原因,但是「恆」對於形成「或」的世界的氣完全沒有干預,「恆」與「氣」兩者之間被強烈的隔絕開了。在這裡,作者的用心似乎在於「恆」可以不承擔退化的「或」的世界之責任。

　　與此相對,《老子》並沒有將世界明確的劃分爲「恆」和「或」那樣的兩個階段。「道」生出了萬物,萬物從作爲母親的「道」中逃脫,競相強盛。然而萬物被「道」回收,復歸到根本。《老子》就這樣採取了萬物在「作」與「復歸」之間往復的,也就是說比〈恆先〉具有更強連續性的形式。在這種形式下便產生了這樣的疑問:從善的「道」中產生出來的萬物卻作出不正當行爲的原因、以及產生惡的責任,難道不存在於最初作爲「萬物之宗」的「道」中嗎?因爲

沒有像〈恆先〉那樣，將世界明確的分爲兩個，所以惡的產生與「道」是很難完全隔離開來的。這一點雖然可以説是微妙的差異，但也是重要的差異。

作爲〈恆先〉與《老子》的差異，進一步可以舉出的是性説的有無。《老子》中完全沒有關於性的思考。這一點〈太一生水〉也是一樣。然而〈恆先〉中「同出而異性，因生其所欲」之類、「性出於有」、「性非性、無謂性」等等，出現了關於性的思考。這一點作爲兩者重要的差異應該留意。

另外關於氣的生成論，〈恆先〉與《老子》之間也存在著巨大的不同。〈恆先〉中「有或焉有氣，有氣焉有有」、「氣是自生自作」之類，以及「濁氣生地，清氣生天。氣伸神哉，云云相生」、「恆氣之生，因言名」，始終貫穿著「或」世界中的萬物，是從氣中產生的這一生成論。

《老子》也提到了氣，如「專氣致柔，能嬰兒」（〈第十章〉）、「萬物負陰而抱陽，冲氣以爲和」（〈第四十二章〉）、「心使氣日強」（〈第五十五章〉）。因此可以認爲《老子》中也存在萬物是由氣形成的這一思考。不過《老子》中對氣的討論是零碎的，並不是將宇宙生成論整體統一爲氣，也沒有成爲〈恆先〉那樣貫穿終始的理論。〈太一生水〉也是一樣，雖然也討論了宇宙生成論，但唯有「上氣也，而謂之天」一處提到氣，並沒有採取以氣貫穿終始的生成論形式。唯有〈恆先〉極爲完全地提出了氣的生成論，這是與《老子》、〈太一生水〉重要的不同點。

至此我們討論了〈恆先〉、〈太一生水〉、《老子》三者間的共同性與不同點。其結果是在道家思想的形成與展開的研究方面提供了很多啓示。〈恆先〉〈太一生水〉《老子》三者分別以「恆」、「太一」、

「道」作爲宇宙的主宰者，提出了各自獨特的宇宙生成論。而且三者之間並不能找到所謂的受到哪一個先行的影響，其他二個就形成了那個的亞流這樣的顯著的影響關係。的確，在〈太一生水〉中可以見到針對《老子》的對抗意識，[13] 然而〈太一生水〉的宇宙生成論本身絕不是《老子》的重新製作，而是完全獨立的體系。

　　目前爲止我們能夠利用的先秦道家思想文獻，基本上僅限於《老子》和《莊子》。因此，《老子》被視爲道家思想的始祖，在多數場合下，道家思想被認爲完全是由《老子》作爲開始展開和發展起來的。然而由於戰國楚簡的相繼發現，〈恆先〉〈太一生水〉《老子》三者各自提出了獨立的宇宙生成論，三論並立的狀況浮現了出來。

　　那麼這種並立的狀況是何時出現的呢？關於《老子》成書的時間，梁啓超在〈論老子書作於戰國之末〉（《古史辨》第四冊）中主張，《老子》中雖然能見到「仁義」一詞，但仁與義連用是孟子的專利，因此《老子》不應該存在於比孟子還早的時代裏。而所謂「王侯」、「侯王」、「王公」、「萬乘之君」、「取天下」等詞句，則是與春秋時代人們所使用的不相合的戰國語言，因此《老子》成書的時間不是春秋末期而是戰國末期。

　　顧頡剛在〈從呂氏春秋推測老子之成書年代〉（《古史辨》第四冊）中推測說，儘管在《呂氏春秋》中能見到許多與《老子》相似的語句，但難以認可這些話是明確地引用自《老子》，而在《呂氏春秋》編纂的當時，尚不存在今天這種樣子的《老子》。而且顧頡剛還認爲，《老子》與《荀子》的文體極爲相似，所以《老子》的寫作時

---

[13] 關於這一點的詳細情況，請參照拙稿〈郭店楚簡〈太一生水〉と《老子》の道〉（《中国研究集刊》第２６號・二〇〇〇年六月）

代與荀子的活動時期很接近。他以此爲論據，做出了《老子》定形爲今天我們所能看到的文本之時期，早的話是戰國末期，晚的話則是漢初的結論。

在日本江戶時代的儒者齋藤拙堂，也在《拙堂文集》第四卷中提出，仁義連稱始自孟子，《老子》所謂「大道廢有仁義」（〈第十八章〉）、「絕仁棄義、民復孝慈」（〈第十九章〉）之類的譏諷仁義的話，是想要反對孟子的，因此老子是孟子之後的人物。

還有武內義雄在《老子の研究》（一九二七年）中推定，混雜有法家言論的今本《老子》，是由慎到、韓非系統的學者所傳的文本，其成書時期是公元前二四〇年前後，也就是戰國末期到秦初之間。

津田左右吉在《道家の思想と其の展開》（一九二七年）中則是沿襲了齋藤拙堂的說法，認爲《老子》排斥仁義是對孟子思想的根本顛覆，然而孟子中卻見不到針對《老子》的論難，因此《老子》是作於孟子之後的。

進一步的，木村英一在《老子の新研究》（一九五九年）中提出，《老子》是在漢初時對老聃的遺言、方言及格言等多種材料進行整理、取捨，從而組織起來的道家經典，其編寫過程經歷了數次，而非一人一時的作品。

以上介紹的並非疑古派而是釋古派的論調，每個人的討論方法雖然稍有不同，但最大的共同點是將《孟子》的內容作爲重要基準，從而把《老子》成書年代的上限定在孟子活動時期（前三二〇～前二九〇年左右）之後。下限方面則是根據論者不同有各式各樣的說法，最晚的能到漢初。

然而馬王堆漢墓帛書《老子》甲乙本的發現，以及戰國中期郭

店一號楚墓三種《老子》抄本的出土[14]，將前面介紹的諸說從根本上徹底推翻了。郭店一號楚墓的營造時期被推定爲前三〇〇年左右，按這一時間來追溯，《老子》在戰國前期（前四〇三～前三四三年）中成書的可能性就很高了。這一點用於同樣出自郭店一號楚墓的〈太一生水〉也是完全一樣的。

　　包括〈恆先〉在內的上博楚簡由於是盜掘品，所以出土地點不明，陪葬時期也不明確。於是中國科學院上海原子核研究所採用碳素 14 進行了年代測定。測定結果是二二五七±六五年，[15] 以 1950 年爲國際定點，那麼上博簡就是前三〇八±六五年，也就是在前三七三年到前二四三年之間書寫的。另外《上海博物館藏戰国楚竹書》第一冊前言中說，根據對竹簡和字體的分析，以及與郭店楚簡的比較，推定出陪葬時期是在楚受到秦的攻擊而從郢遷都到陳的前二七八年之前。因此上博簡的書寫年代就在前三七三年到前二七八年之間。這樣的話，原著的成書時期當然要從寫本的書寫年代向上追溯，所以〈恆先〉的成書時間最晚必須是戰國前期。

　　依據以上敍述的結果，可以說〈恆先〉〈太一生水〉《老子》三者在戰國前期就已經形成了獨立而並立的體系。當然，也不能排除三者的成立時期是在春秋末期的可能性。而且在這三者之外，還很有可能存在其他具有獨立的宇宙生成論的道家思想。

　　因此不得不考慮這一種類的道家思想，在從春秋末期到戰國前期的時間之內，是同時多發的出現的。《楚辭・天文》的開頭提出了

---

　　[14] 關於郭店《老子》是抄本一事，請參照拙稿〈郭店楚簡〈太一生水〉と《老子》の道〉。
　　[15] 關於這一測定結果，請參照《上博館藏戰国楚竹書研究》（上海書店出版社・二〇〇二年三月）所收〈馬承源先生談上海簡〉。

「曰遂古之初，誰傳道之。上下未形，何由考之。冥昭瞢闇，誰能極之。馮翼惟像，何以識之」的疑問。究竟是誰傳說著宇宙原始時代的事情呢？連天地都不存在的時代的事情，究竟是基於什麼研究出來的呢？在連黑暗與光明都不判然的昏暗時代中，誰將宇宙的樣子看清了？所謂從無形的混沌之中出現了有象，這樣的事情如何能夠知道的呢？屈原所表達的這些疑問，顯然是對宇宙生成論的存在為前提所才能提出的質疑。

如果在〈恆先〉中尋找對應關係的話，「遂古之初」是「恆先無，有質靜虛」，「上下未形」是「未有天地，未有作行」，「冥昭瞢闇」是「夢夢靜同，而未或明」，「馮翼惟像」則是「氣伸神哉，云云相生」。無論〈太一生水〉還是《老子》，從中找出同樣的對應關係都是可能的。

《史記‧屈原賈生列傳》云：「太史公曰：『余讀〈離騷〉〈天問〉〈招魂〉〈哀郢〉，悲其志。』」被視為《楚辭‧天問》之作者的屈原，在楚懷王時期（在位：前三二八～前二九九年）受到重用，官拜左徒，奉王命起草法令，然因讒言被流放漢水以北。後一度回歸政界，但在頃襄王（在位：前二九八～前二六三年）初年，再次因讒言遭流放江南。前二七八年他接到郢都落入秦國手中的噩耗時正流浪於各地，最終投汨羅江身亡。因此屈原的活動時期就是前三二○年左右到前二七○年左右。

《楚辭‧天問》的內容表明在屈原作〈天問〉之前，也就是比戰國中期後半還早的時代，論述宇宙原始的宇宙生成論就存在了。這也是對春秋末期到戰國前期各種提出宇宙生成論的道家思想就已經形成這一觀點的補証。

那麼持有宇宙生成論的道家思想出現同時多發狀況的地域是哪

裏呢？線索就在關於老子的傳說中。老子傳說中的大多數說「老子者，楚苦縣厲鄉曲仁里人也」、「或曰、老萊子亦楚人也」（《史記‧老莊申韓列伝》、「陽子居南之沛，老聃西遊於秦，邀於郊，至於梁而遇老子」（《莊子‧寓言》）、「老子，姓李、字伯陽，楚相縣人也」（邊韶《老子銘》），認爲老子的出生地是在作爲陳故地的楚國北邊，或者是與楚國北邊相鄰的宋國的沛地。另外戰國中期來到齊國稷下的環淵，因爲《史記‧孟子荀卿列傳》記載「環淵楚人」而被當作楚人，而《漢書‧藝文志》中班固自注記載他是「老子弟子」。存在這些傳說就暗示了《老子》的成書地域應在楚國北邊。[16]

　　與此相關聯的是在上博楚簡中可以看到很有意思的現象。《上海博物館藏戰国楚竹書》第四冊收錄了〈采風曲目〉、〈逸詩〉、〈昭王毀室‧昭王與龔之脾〉、〈柬大王泊旱〉、〈内禮〉、〈相邦之道〉、〈曹沫之陣〉七篇。其中〈采風曲目〉被推定是楚國樂官所整理的歌曲曲目。〈昭王毀室‧昭王與龔之脾〉記載的是楚昭王（在位：前五一五～前四八九年）與臣下的故事。〈柬大王泊旱〉講的是楚簡王（在位：前四三一～前四〇八年）的故事。這三篇從其内容上判斷，應當是在楚國國内寫成的文獻。

　　另一方面，曹沫是活躍在魯莊公（在位：前六九三～前六六二年）時期的魯國將軍，記載其兵法的〈曹沫之陣〉顯然是在魯國國内寫成的文獻。同樣的，第一冊中收錄的〈孔子詩論〉、〈緇衣〉，第二冊收錄的〈子羔〉、〈魯邦大旱〉，第三冊收錄的〈仲弓〉，第四冊[17]收錄的〈相邦之道〉等也可以從出現了孔子及其門人這一體裁上，

---

[16] 關於這一點的詳細討論，參照拙著《黃老道の成立と展開》第一部‧第十四章。

[17] 上海古籍出版社‧二〇〇四年五月。

判斷出是在齊或魯地寫成的文獻。

　　這些現象表明，在上博簡中，寫成於所謂齊、魯之地的山東地方的文獻，與寫成於楚國的文獻混在一起了。因此〈恆先〉也有可能是寫成於楚國國內的當地文獻。在郭店楚簡中也可以說有同樣情況。郭店楚簡共包含十四篇文獻，〈緇衣〉、〈魯穆公問子思〉應是寫成於齊、魯之地的文獻，不復多論。與此相對，《老子》的抄本和〈太一生水〉可能是寫成於楚地的文獻。

　　在把《詩》、《書》之類作爲先王之書而尊崇的中原文化圈中，認爲作爲有意志的人格神的上天、上帝才是宇宙的主宰者這一觀念根深蒂固。在這種對上天、上帝的信仰中，並沒有把宇宙的原始作爲思考的對象，像《詩經・大雅・烝民》所謂「天生烝民」，最多不過是從人類誕生開始講起。春秋末期在魯地形成的儒家和墨家學派，沿襲了傳統的上天、上帝信仰框架，將《詩》、《書》之類視爲經典。儒家和墨家的思想中，當然也就沒有把宇宙生成論作爲思索的對象，如《墨子・尙同上》所謂「古者民始生」，仍然是從人類誕生開始講起。同樣建立於中原文化圈中的史官的天道思想，雖然推出了比上天、上帝還早的天道，但並不具備揭示宇宙原始的宇宙生成論體系。

　　因此，在遵奉文王、武王受命於天這樣的建國神話的周王朝的體制下，中原文化圈中產生無視和否定上天、上帝的宇宙生成論思想的可能性很低。因爲如果肯定宇宙生成論，那麼殷周革命就喪失了其理論依據。

　　這樣的話，那麼〈恆先〉〈太一生水〉《老子》等等的宇宙生成論沒被編入周王朝的體制中，而是從獨立的文化圈中產生出來與中原文化圈對抗的可能性就很高。在周王朝體制下擁有王號的只周王

一人，中原諸侯開始僭稱王號是從戰國中期開始的。然而吳、楚、越等長江流域的國家，從春秋時代開始就僭稱王號與周對抗了。前六〇六年楚莊王率兵攻入周都洛陽，向周王詢問鼎的輕重，這便是最具象徵性的事例。

　　因此儘管拿出「王孫雒曰、子范子、先人有言曰、無助天爲虐、助天爲虐者不祥」（《國語·越語下》）的中原的格言，越國也還是提出了「范蠡曰、王孫子、昔吾先君固周室之不成子也。故濱於東海之陂。（中略）余雖覥然而人面哉、吾猶禽獸也。又安知是諓諓者乎」（《國語·越語下》）這樣的不進入周王朝體制的理由，對周的權威並不認可。

　　上天、上帝只具有感情和意志，但不具有身體和形象，是形而上的神格，這是把人類身上的身體要素去除，只保留感情和意志的結果，說到底他們還是模仿人類的神格。

　　與此相反，「恆」、「太一」、「道」完全不具備與人類樣態相似的特點，即使是沒有價值的物，它們也基本上顯示出是作爲物的特點。這種人與物的差異，在哲學上來說是本質的差異，兩者間存在著難以逾越的深刻的鴻溝。否定模仿人類的人格神是宇宙的主宰，而把與物同類的存在作爲宇宙主宰的思想，是在周王朝體制下的中原文化圈所在的地域中，絕對產生不出來的。

　　由以上的理由筆者認爲，〈恆先〉〈太一生水〉《老子》等宇宙生成論，是在春秋末期到戰國前期之間，在與中原相鄰的楚國北邊出現的思想。《楚辭·天問》中所記載的對於這種宇宙生成論的疑問也可以當作旁証。[18] 這三種宇宙生成論，每一種都將中原的天道思想

---

[18] 郭店楚簡〈語叢一〉中「凡物由亡生」一句，也是戰國中期以前道家的

納入了自己的體系中。這種現象也是因爲其成立的地域與中原鄰
接，這種地理位置使它們能夠部分攝取中原文化。

　　這樣的話就是說，或者在與孔子的活動時期大體相同的時期
內，或者是在孔子的直傳與再傳門人的活動時期內，南方的楚就已
經出現了並立的各種宇宙生成論。因此將這一時期中我們所見到的
《論語》那樣的儒家的思想水平，與〈恆先〉〈太一生水〉《老子》
等的宇宙生成論的思想水平相比較的話，無論對思想顛覆的領域範
圍的大小，還是從形而上的思考的深度而言，都不得不承認後者遠
遠高在前者之上。

　　活動於戰國中期至後期的陰陽家鄒衍，以「鄒子疾晚世之儒墨，
不知天地之弘，昭曠之道，將一曲而欲道九折，守一隅而欲知萬方」
（《鹽鐵論・論鄒》）批判了將思考範圍僅僅限定在人類社會內部的
儒家和墨家的矮小，又以「推而遠之，至天地未生，窈冥不可考而
原也。稱引天地剖判以來，五德轉移，治各有宜，而符應若茲」（《史
記・孟子荀卿列傳》）提出了叫作五德終始說的獨立的宇宙生成論[19]。
確實，儒家和墨家的思想存在著這樣的弱點。

　　照這樣考慮下來，產生於南方的楚的道家宇宙生成論，提供了
宇宙生成論這樣的形而上的思考，引發了古代中國哲學水準的飛
躍。由這一點可以評價說，它做出了與後世佛教的傳入比肩的重大
貢獻。古代中國哲學發展的歷史大體上具有以漢族爲主體、以中原
文化爲記載範圍的傾向。然而〈恆先〉、〈太一生水〉等的發現告訴
了我們一個事實，即：被中原之人侮蔑爲蠻夷的南方的人們，在古

宇宙生成論存在的證據。
　　[19] 關於鄒衍，參照拙著《黃老道の成立と展開》第三部・第三章。

代中國哲學的發展上發揮了極爲重要的作用。

　　中華文明從先秦古代時期開始，就已經是因爲漢族文化與異民族文化相互激烈地踫撞融合，第一次獲得了多樣性，而得以豐富的發展起來，對於這一事實我們應該加以重新思考。

監譯者後序

　　本書是集日本東北大學淺野裕一教授近年關於郭店楚簡和上海博物館所藏楚簡的思想撰作而編輯成冊的一本書。書中所收入的文章都是曾經在台灣、中國大陸、以及日本的期刊上，或者學術會議等場合發表過的。

　　正如附上的著作目錄所顯示，淺野教授的研究範圍從中國古代的軍事思想、儒家思想與經典之形成、黃老思想的形成、中國古代語言哲學之發展，到出土文獻的思想解讀等，涉及中國古代思想研究中的各個領域，並且其於各個研究領域皆有卓越的研究成果。因此，不論就其論述之出版數量，或就其影響力而言，淺野在研究中國古代思想的領域裡面，可說是目前足以代表日本的學者，同時他在日本的傳統漢學研究正面對的衰退危機當中，為了日本中國古代思想研究的生存與發展，而擔任一位「火車頭」般的學者。與淺野的著作在日本（他也從岩波出版社和講談社等全國性的大出版社出了不少啟蒙性的著作）很容易入手的狀況相比，淺野的著作之中文翻譯到此時才提供給中文世界的讀者，不免稍嫌太晚。

　　然而，閱讀本書以後，讀者馬上就會發現，在日本古代中國思想研究的領域中，淺野足以代表日本的學者，意思絕不是說他只停留在過去研究的「集大成者」的角色。相反地，淺野正在全力推動的是日本古代中國研究之「典範轉換」（paradigm shift：Thomas Kuhn

之語）。換言之，淺野試圖打破過去日本中國古代思想研究所累積的「假設」。[1] 我以「火車頭」為喻，正是此意。

　　談到日本研究中國古代思想史目前的「典範」，而回顧過去二十世紀的日本漢學研究中此領域的歷史，迄今其主要研究架構似乎仍受到活躍於二十世紀前半的武內義雄和津田左右吉所提供之觀點與研究方法的深遠影響。[2]

　　首先，武內義雄以深厚的日本傳統漢學為主要背景，並且以文獻考據學為分析工具，建立了到目前為止最有影響力的中國古代思想史的發展脈絡。從傳統漢學或文獻考據的立場來做思想史脈絡的探索，今天聽起來似乎沒有什麼特別。然而，在武內年輕的時候，就當時研究中國思想史的「流行」來說，他的做法並非主流。當時，在日本研究中國思想史有兩個優勢的立場。第一個是利用西洋哲學史的各種概念，或者是與西洋哲學史的脈絡對照，學者努力建構中國哲學史。另一個立場是，按照經濟社會史的觀點看思想史的脈絡。思想史研究全面引進馬克思・恩格斯歷史學，在當時被視為一個必然的趨勢。很諷刺的是，與武內前後以京都帝國大學為據點而活躍的小島祐馬與重澤俊郎，皆是身受馬克思・恩格斯歷史學影響的學者。當時的武內義雄，與青木正兒和岡崎文夫一起離開京都，而轉移到剛設立研究東亞人文部門沒有多久的東北帝國大學。在第二次世界大戰之後，由於武內的門人金谷治等學者的努力，武內的思想

---

　　[1] 關於原作者本人對此問題的基本立場，請參閱本書第一章；以及淺野裕一・湯淺邦弘合編，《諸子百家「再發見」》（東京：岩波書店，2004）頁 1-56。
　　[2] 關於過去日本中國思想研究的介紹與評論，參閱，張昭（編譯），〈譯序──兼介紹日本的中國思想研究〉（赤塚忠等原著，張昭譯，《中國思想史》，台北：儒林圖書公司，1981，所收）頁 3-28。原文是來自赤塚忠，〈序論〉（赤塚忠等著，《思想概論》，東京：大修館書店，1968，所收）頁 1-27。

史研究反而逐漸成爲日本研究中國古代思想史的主流。

　　相形之下，津田左右吉承接日本疑古學派的泰斗白鳥庫吉的研究方法，並且主張，思想史發展脈絡才是文獻中的各種概念和主張之前後排列的主要依據。換言之，在津田的設計中，每一段思想史脈絡中有各種發展的階段，而根據此階段性發展，將一本文獻中的思想看作長期發展的過程。譬如，當發現《論語》中有一個句子同時也出現在《荀子》裏面，研究者就必須考慮，此句有可能原爲荀子思想而後來在《論語》的編輯過程當中，被引進《論語》。雖然津田並沒有採取將中國思想與西方哲學的某些概念或主張直接類比的做法，但事實上，津田對「古代思想史發展脈絡」存在的假設幾乎可說是預設了「思想史應有其普遍發展」的模式。津田如是的研究手法爲津田的門人栗田直躬、渡邊卓等學者所發揚，也成爲日本研究思想史的主要方法之一。

　　要重視個別文獻所固有的內在思想脈絡（武內），還是由「普遍的思想發展脈絡」的假設來分析文獻的內在思想脈絡（津田），是自武內和津田以後，從事研究中國古代思想史的日本學者之共同課題。然而，重要的一點是，雖然武內和津田兩人之研究往往被看作互相對立的，但是，因爲從武內義雄和同時期的木村英一，到武內的弟子金谷治，他們的研究重點明顯地從文獻考據轉到思想脈絡的闡明。因此，對武內以後的學者來說，津田的觀點也並非特別須要排斥。事實上，金谷治本人也承認津田的觀點之重要，只是他在自己的研究中，與津田的觀點保持了一點距離而已。

　　比津田晚一輩的東京大學出身的學者，譬如提倡「各思想家所面對的問題意識如何被繼承而發展」的赤塚忠、試圖釐清《老子》和朱熹的思想體系的大浜浩等人的研究當中，可以看見試圖將思想

史研究中各個文獻裏的思想「個別內在性」，和在宏觀思想發展中以西方哲學史為標準的「普遍性」，此兩種因素的對立予以消解，成為相輔相成的努力。

　　總之，日本過去半世紀的中國古代思想史研究的過程當中，「文獻內在的思想脈絡」和「思想發展的普遍性」模式逐步結合，而構劃出研究中國古代思想史發展脈絡的基本共識，亦即 Kuhn 所說的「研究典範」。其主要觀點是：《春秋左傳》、《易傳》、《莊子》外、雜篇、《禮記》等文獻，其內容大部分是秦漢時期的作品。因此，正如前面所舉說明津田思想的例子，即使分析其他文獻時，若一看到與上述文獻，或《荀子》、《韓非子》等戰國末年的文獻相似的部分，習慣性地將此文獻的思想形成年代也拉晚到秦漢時期。日本學者如此的基本「典範」，第一次的挑戰應該是面對馬王堆所出土的帛書思想文獻，但在當時其「典範」似乎沒有動搖。舉馬王堆帛書文獻〈五行〉的例子來說，大部分的中國學者主張〈五行〉的思想與子思、孟子，或是孟子後學，即所謂「思孟學派」有關。相對地，日本學者，譬如池田知久，充滿信心地斷言說「〈五行〉的思想是秦漢時代所形成的頗有雜家傾向的文獻」。[3] 當然，在中國也有學者認為馬王堆文獻的思想晚到秦漢時期，而在日本，正如淺野裕一就是主張〈五行〉的思想包含孟子以前的思想之可能性是存在。[4] 但是我想在這裡所強調的是，在郭店楚簡公布之前，日本學界的氣氛就是某一個文

---

[3]　主張《五行篇》的成書於西漢初期的池田知久，列舉了二十五條的「證據」來「證明」《五行篇》之戰國時代成書之說法都「不正確（池田語）」。參閱池田知久，〈馬王堆漢墓帛書《五行篇》所見之身心問題〉（楊儒賓主編，《中國古代思想中的氣論與身體觀》，台北：巨流圖書公司，1993）頁 328-332。

[4]　淺野裕一，《黃老道の成立と展開》（東京：創文社，1992）頁 628-630。

獻的思想時期拉到秦漢。

　　然而，就像 Kuhn 的「典範論」所提出，一個典範的確立過程中，新的典範之挑戰也隨之開始。正如以下所述，淺野裕一早已在他馬王堆文獻研究當中，有意無意地向日本中國古代思想的「典範」挑戰。在淺野的博士論文《黃老道之成立與展開》（東京：創文社，1992年）中，《國語・越語》中的思想類型（淺野稱之爲「范蠡型思想」）和《老子》的思想形成於春秋末年到戰國中期以前，而另一方面，將帛書〈五行〉的思想當作戰國中期的思想。淺野如此的觀點，由於大量戰國時代楚國的竹簡出土，便成爲當前日本有關上述文獻最有力的說明之一，並且，日本中國古代思想史研究終於宣告其研究進入了「典範轉換」的階段。本書中，淺野反覆展開對日本過去研究的全面性反省與批判，而中文世界的讀者也許會覺得迷惑，因爲淺野對《老子》的成書時期、〈五行〉思想形成等問題的立場與台灣和中國學者比較接近。其實，淺野的反省與批判也正顯示一個事實，即日本學界將新的文獻資料拉晚到秦漢時代的「典範」，原來竟是那麼堅固。那麼，淺野在本書中所展開的中國古代思想史的構想是否爲中文漢學界所贊同，便留待讀者諸賢來評斷了。

　　以上是本書的作者淺野裕一教授對中國古代思想的研究在當今日本學界中的關鍵角色之簡述。以下是身爲監譯者關於本書的翻譯與編輯作業的附帶說明。收錄於本書的論文之日文原文曾於以下刊物發表，論文的原名、發表期刊的名稱、以及其出版日期如下：

第一章：原題〈戦国楚簡と古代中国思想史の再検討〉

　　　　　《中国出土資料研究》（第 6 号，2002 年）所收

第二章：原題〈郭店楚簡〈『太一生水』と『老子』の道〉

　　　　　《中国研究集刊》（第 26 号，2000 年）所收

第三章：原題〈郭店楚簡『窮達以時』の「天人之分」について〉

　　　　　《集刊東洋学》（第 83 号，2000 年，頁 21～37）所收

第四章：原題〈郭店楚簡『緇衣』の思想史的意義〉

　　　　　《集刊東洋学》（第 86 号，2001 年）所收

第五章：原題〈上博楚簡『容成氏』における禅讓と放伐〉

　　　　　《中国研究集刊》（第 36 号，2004 年）所收

第六章：原題〈上博楚簡『魯邦大旱』における「名」〉

　　　　　《国語教育論叢》（第 14 号，2005 年）所收

第七章：原題〈上博楚簡『魯邦大旱』の刑徳論〉

　　　　　《中国研究集刊》（第 36 号，2004 年）所收

第八章：〈恆先〉的道家特色（在日本尚未發表）

　　　在中文世界的發表狀況是：第一章在 2003 年 12 月 31 日中央研究院文哲所主辦的「經典的形成」計畫（主持人：林慶彰）之專題演講中，以「戰國楚簡與古代中國思想史的再檢討」為主題宣讀；第五章在 2003 年 12 月 28 日在國立台灣大學舉行「日本漢學的中國哲學研究與郭店・上海竹簡資料國際研討會」中，以「〈容成氏〉的禪讓與放伐」為題宣讀，後來刊於《清華學報》（第 33 卷，第 2 期，2004 年 11 月）；第六章在 2004 年 4 月 10 日在國立台灣大學東亞文明研究中心主辦的「上博簡與出土文獻研究方法學術研討會」中以「〈魯邦大旱〉的『名』」為主題宣讀；第八章在 2004 年 8 月 22 日在北京清華大學歷史研究所主辦的「多元視野中的中國歷史」第二

屆中國史學國際會議中，以「〈恆先〉的道家特色」為主題宣讀。

本書各章的翻譯初稿是由以下的諸位所提供：

金培懿（國立中正大學助理教授）：第一章

刁小龍（北京清華大學思想文化研究所博士生）：第二章、第三章、
　　　　第四章

王綉雯（日本京都大學博士班）：第五章、第七章

李敏（北京清華大學思想文化研究所碩士生）：第八章

雖然淺野教授的日文用詞平易，理路也清楚，但本書由不同譯者的譯稿組成，尤其是在台灣與大陸譯者之間，除了使用簡、繁體字之差異之外，其用詞與標點規則也相當不同。因此，在進行監譯作業之際，優先考慮的是（1）譯文是否正確地傳達原作者的思考和理路；（2）各章翻譯的標點和格式是否保持一致。如此考量之下，監譯者對各章翻譯稿僅加以些許的修改與調整。所以，透過本書，讀者如能充分地了解淺野教授的觀點與討論內容，此功勞應該歸於提供初稿的諸位譯者之能力與努力；若譯文裡面有任何問題，其責任則必須由監譯者來負起。

其他編輯作業（排版、造字、校對）由監譯者研究室的助理：林嘉財、盧彥男以及陳湘蕾三君分別擔任。兩年前，我在出版社的要求之下曾經編輯自己的著書，其辛勞之際，幾乎要放棄從該出版社出版。因此，編輯功能強大的文書處理軟體之出現，反而將很大的作業帶給作者，這是近年來學術出版狀況的一個大諷刺。因此，

本書的編輯由於林、盧、陳三君之鼎力協助而使得作者和監譯能夠專心地寫作與修改翻譯，是很大的欣慰。

2004 年 10 月 15 日

佐藤將之 謹識

人名索引

三　畫

子產　123, 142, 143, 144

子夏　106, 122

子路　45

子貢　78, 79, 114, 115, 116, 117,
　　118, 122, 125, 126, 130, 131,
　　134, 135, 145

子思（子思學派）13, 50, 51, 61,
　　62, 64, 65, 66, 68, 75, 79

久保由布子　58

四　畫

文王　42, 65, 96, 98, 99, 100,
　　101, 102, 103, 104, 106, 107,
　　108, 136, 137, 138, 180

太史籀　74

孔子　9, 13, 45, 46, 47, 48, 49,
　　50, 51, 56, 63, 64, 65, 68, 72,
　　74, 78, 79, 80, 81, 82, 103,
　　104, 106, 107, 108, 113, 114,
　　115, 116, 117, 118, 122, 125,
　　126, 129, 130, 131, 132, 133,
　　134, 135, 179, 182

公孟子　55

王力　121

木村英一　176

內山俊彥　38

五　畫

白起　37, 40

皮錫瑞　64

平岡武夫　7

白川静　120

平勢隆郎　7, 71

末永高康　50

六　畫

后稷　91
伊尹　94, 95, 106
伯益　93, 94
成王　136, 137
百里奚　42, 49
伍子胥　43
老子（老聃）　31, 176, 179
池田知久　15, 21, 37, 38, 40, 59

七　畫

武丁　42
呂尚　42
武王　65, 88, 96, 99, 100, 101,
　　102, 103, 104, 107, 108, 136,
　　138, 180
吳王夫差　43
吳王闔廬　43
沈約　61, 64
李翱　64
杜佑　61
赤塚忠　65, 66

谷中信一　129
李零　86, 147, 157, 166

八　畫

邵粊（傅説）42, 49
周幽王　137, 138
周宣王　74, 138
周公旦　137
叔向　125, 144
孟子　13, 49, 50, 51, 62, 68, 93,
　　94, 108, 109, 175, 176
屈原　178
河間献王　60, 61
武内義雄　7, 11, 13, 60, 62, 64,
　　65, 68, 70, 73, 74, 75, 79,
　　128, 176
板野長八　66
金谷治　7, 65, 75
近藤浩之　9, 10, 71, 73

九　畫

帝嚳　88, 89
禹　88, 91, 92, 93, 94, 95, 96,

106, 107, 108, 138

紂王　88, 96, 98, 99, 100, 101,
　　103, 106, 109, 137, 138

范蠡　126, 127, 139, 140, 181

段玉裁　121

津田左右吉　7, 66, 75, 176

重澤俊郎　65

姚俊　58

十　　畫

桀王　88, 94, 96, 106, 138

晏嬰　117, 118, 123, 125, 142,
　　143, 144, 145

師曠　123

秦穆公　42

孫叔敖　42, 49

秦始皇　13, 14, 15, 66, 74

荀子　13, 37, 39, 40, 51, 53, 54,
　　56, 66, 68, 73, 125, 176

馬總　60

馬承源　3, 8, 58, 147, 177

島森哲男　65

十　一　畫

造父　43

啓　93, 94, 97

梓慎　123, 142

曹沫　179

莊子　13

梁啓超　175

陳鼓應　21

張光裕　23, 37

崔仁義　19, 35, 38, 57

張立文　72

陳佩芬　58

曹峰　71

十　二　畫

堯　42, 65, 88, 89, 90, 91, 107,
　　108

舜　42, 49, 65, 88, 90, 91, 92,
　　106, 107, 108

皋陶　91, 93

湯　88, 94, 95, 96, 97, 98, 106,
　　107, 108, 138

董叔　123

越王句踐　127, 140

程子　55

董仲舒　30, 80

費直　8

馮友蘭　65

渡邊英幸　58

渡邊大　21

十 三 畫

稗竃　123, 125, 142

楚莊王　42, 181

楚昭王　179

楚簡王　179

楚頃襄王　178

慎到　23, 54, 176

鄒衍　182

漢高祖　9, 79

漢文帝　9, 72

漢惠帝　9, 79

漢武帝　66

裘錫圭　23, 37, 58

十 四 畫

齊桓公　42

齊景公　116, 118, 144, 145

管仲（管夷吾）42, 49

廖名春　10, 71, 72

福田哲之　58

福田一也　58

十 五 畫

質（蘷）91

魯莊公　179

魯哀公　63, 113, 115, 116, 117,
　　　129, 130, 131, 132, 133, 134,
　　　135

魯穆公　64, 65, 124, 143, 144

膠鬲　49

墨子　55, 56

鄭玄　60, 61

十 六 畫

縣子　124, 125, 143, 144

錢穆　38, 39

十 七 畫

環淵　179

韓非子　13, 74, 128, 176

齋藤拙堂　176

濮茅左　58

十　八　畫

顏回　63

戴德　61

戴聖　61

簡朝亮　64

十　九　畫

關尹　31

二　十　畫

蘇建洲　86

二　十　一　畫

顧頡剛　175

書名索引

二　畫

卜筮祭祷記録　10, 73

十六經　29, 126, 140

三　畫

子羔　107, 113, 129, 179

子思・子思子　60~62, 64, 65

大戴禮記　8, 61, 70, 74

上海博物館藏戰國楚竹書　3,
　　85, 86, 91, 113, 114, 127,
　　129, 147, 177, 179

上博館藏戰國楚竹書研究　85,
　　177

上海博物館蔵戦国楚竹書（二）
　　讀本　86

大久保隆郎教授退官記念論集
　　漢意とは何か　108

四　畫

太一生水　19~21, 23, 24, 26~33,
　　36, 57, 81, 119, 120,
　　161~163, 170~175, 177, 178,
　　180~182

五行・五行篇　14, 15, 20, 36, 51,
　　57, 79, 188, 189

六德　4~7, 9, 20, 36, 58, 68~70,
　　72, 103

孔子詩論　58, 103, 104, 113,
　　179

孔子間居　8, 70, 74

内禮　179

中庸　11, 47, 48, 50, 51, 53, 56,
　　60~66, 73~77, 81

六韜　54, 86, 87

孔子家語　45, 116

六藝論　60, 61

孔叢子　64

太平御覽　86, 87

中國思想史　7, 62, 65, 75

孔子神話　49, 74, 80

文物　19, 35, 57

中国研究集刊　8, 70, 71, 81, 91,
　　119, 175

五　　畫

左傳　9, 71, 122, 125, 142, 145

史記　37, 80, 93, 94, 100~103,
　　178, 179, 182

左傳之思想史的研究　7, 75

古史辯　175

出土文獻與秦楚文化　129

左傳的資料批判的研究　7, 71

六　　畫

老子　19~24, 26~32, 36, 45, 57,
　　80, 81, 157~165, 167~182

成之聞之　20, 36, 57, 58

仲弓　179

呂氏春秋　31, 175

老子銘　179

先秦諸子繫年　39

老子之研究　176

老子之新研究　176

字統　120

七　　畫

坊記　11, 60~62, 64~68, 70~75,
　　81, 82, 128

八　　畫

易・易經　4~7, 9~11, 13, 62,
　　66~73, 75, 79~82, 104, 119

忠信之道　20, 36, 57

性自命出　20, 36, 51, 58, 74,
　　75~77, 81, 128

性情論　59, 77

季桓氏　8, 70

采風曲目　179

表記　11, 60~62, 64~68, 70,
　　73~75, 81, 128

孟子　13, 14, 48~50, 53, 56, 93,

94, 105, 109~111, 176

帛書易傳　9, 72, 79, 148

周易正義　86

拙堂文集　176

易と中庸の研究　7, 11, 60, 64,
　　65, 128

九　畫

春秋　4~7, 49, 50, 68~70, 82,
　　115, 133, 136

恆先　147, 148, 151, 155~166,
　　168~175, 177, 178, 180~182

相邦之道　179

東大王泊旱　179

昭王毀室・昭王與龔之脽　179

莊子　4, 31, 46, 69, 81, 86, 87,
　　119, 120, 175, 179

帝王世紀　86

十　畫

書・書經　4, 6, 29, 62, 68, 69,
　　100, 101, 103, 104, 136~139,
　　141, 142, 144, 162, 164, 180,

182

唐虞之道　20, 36, 57, 89, 107,
　　108, 110

容成氏　85~88, 90~100,
　　103~111

晏子春秋　117, 118, 122, 144,
　　145, 175

荀子　13~15, 37~41, 45, 48, 51,
　　53, 54, 56, 79, 125, 175

秦漢思想史研究　7, 65, 75

馬王堆漢墓帛書五行篇研究
　　15

十 一 畫

國語　9, 45, 71, 120, 126, 127,
　　139, 140, 181

曹沫之陳　179

尉繚子　54

淮南子　31, 32

通典　54, 61

郭店楚墓竹簡　20, 23, 32, 37,
　　57, 58

郭店楚簡老子研究　21, 37, 40

郭店楚簡國際學術研討會論文

集　10, 71

郭店楚簡的思想史研究　71

郭店楚簡研究（三）　59

十 二 畫

尊德義　20, 36, 50, 74, 128

逸詩　179

黄帝書　29, 126, 140

復性書　64

費氏易　8

隋書　60, 61

荊門社會科學　19, 35, 57

黄老道之成立與展開　29, 54,
　　79, 126, 127, 139, 162, 164,
　　179, 182

十 三 畫

詩‧詩經　4, 5, 6, 23, 29, 62,
　　68~70, 100~104, 136~139,
　　141, 142, 144, 162, 164, 180,
　　182

楚辞　177, 178, 181

經法　29, 126, 140

道原　30, 140, 157

群書治要　54

經書の成立　7, 75

新釋漢文大系　大學‧中庸　60,
　　66

新出楚簡詩論　10, 71

道家思想及其発展　66

十 四 畫

緇衣　8, 11, 20, 36, 57~68, 70,
　　72~75, 81, 128, 179, 180

語叢　4~7, 9, 20, 23, 24, 36, 50,
　　58, 69, 70, 72, 81, 103, 181

管子　127, 140

説苑　45, 56

漢書　60, 61, 74, 179

十 五 畫

樂　4, 6, 68, 69, 104

論語　6, 48, 55, 63, 79, 80,
　　103~106, 125, 182

魯穆公問子思　20, 36, 50, 57,
　　64, 180

窮達以時　20, 23, 35~42, 44~47,
　　49~51, 53, 55~57

魯邦大旱　113, 115~118, 121,
　　122, 125~129, 131, 132, 134,
　　136, 137, 139~141, 144, 145,
　　179

墨子　45, 46, 55, 56, 96, 116,
　　138, 139, 180

十　六　畫

儒教成立史之研究　66

十　七　畫

韓非子　126

韓詩外傳　45, 56

十　八　畫

禮　4, 6, 59, 68, 69, 77, 104, 128

禮記　8, 11, 58~61, 64, 70, 74,
　　104, 122, 124, 128, 143, 145

二　十　四　畫

鹽鐵論　182

原作者著作目錄

【專書】

1)『中国の古典　孫子』講談社，1986 年 11 月，全 289 頁。

2)『観賞　中国の古典　孟子・墨子』角川書店，1989 年 9 月，全 434 頁（分擔墨子任執筆，183〜378 頁）。

3)『黄老道の成立と展開』創文社，1992 年 11 月，全 709 頁。

4)『孫子を読む』講談社現代新書，1993 年 9 月，全 226 頁。

5)『孔子神話―宗教としての儒教の形成』 岩波書店，1997 年 2 月，全 362 頁。

6)『孫子』講談社学術文庫，1997 年 6 月，全 316 頁。

7)『墨子』講談社学術文庫，1998 年 3 月，全 302 頁。

8)『儒教　ルサンチマンの宗教』平凡社新書，1999 年 5 月，全 285 頁。

9)『諸子百家』講談社，2000.4，全 258 頁。

10)『古代中国の言語哲学』岩波書店，2003 年 8 月，全 360 頁。

11)『諸子百家〈再発見〉』岩波書店，2004 年 8 月，全 244 頁（與湯浅邦弘先生共編）。

12)『諸子百家』講談社学術文庫，2004 年 11 月，全 262 頁。

【論文】

1）『荘子』内篇の死生観に対する私見，『集刊東洋学』第 28 號（中国文史哲研究会），1972 年 10 月，頁 131〜138。

2）墨家思想の体系的理解（一）—兼愛論について—，『集刊東洋学』第 32 号，1974 年 10 月，頁 101〜122。

3）墨家思想の体系的理解（二）—非攻論について—，『集刊東洋学』第 33 号，1975 年 6 月，頁 17〜43。

4）政治思想としての鄒衍学説，『文化』第 38 巻 1.2 号（東北大学文学会），1975 年 3 月，頁 67〜96。

5）『墨子』尚賢論の特性について，『国学院雑誌』第 77 巻第 6 号，1976 年 6 月，頁 44〜54。

6）『墨子』尚同論の構造—天子専制理論との対比—，『文化』第 40 巻 1.2 号，1976 年 9 月，頁 49〜63。

7）恵施像の再構成—弁者と魏相との接点—，『日本中国学会報』第 28 集，1976 年 10 月，頁 16〜30。

8）『公孫龍子』指物篇の立場—その認識論の性格—，『集刊東洋学』第 37 号，1977 年 9 月，頁 1〜23。

9）堅白石—公孫龍に於ける対象認識の様相—，『島根大学教育学部紀要』第 11 巻，1977 年 12 月，頁 1〜18。

10) 白馬と馬の間—『公孫龍子』白馬論の意味—，『島根大学教育学部紀要』第 12 巻，1978 年 12 月，頁 1〜32。

11) 荀況に於ける約名の論理，『集刊東洋学』第 41 号，1979 年 6 月，頁 1〜14。

12) 『甲陽軍鑑』の兵学思想—上方兵学との対比—，『島大国文』

　　第 8 号（島根大学国文学会），1979 年 7 月，頁 34〜57。

13) 十三篇『孫子』の成立事情，『島根大学教育学部紀要』第 13
　　巻，1979 年 12 月，頁 1〜40。

14) 道家思想の起源と系譜（上）ー黄老道の成立を中心としてー，
　　『島根大学教育学部紀要』第 14 巻，1980 年 12 月，頁 1〜38。

15) 道家思想の起源と系譜（下）ー黄老道の成立を中心としてー，
　　『島根大学教育学部紀要』第 15 巻，1981 年 12 月，頁 61〜106。

16) 『六韜』の兵学思想ー天人相関と天人分離ー，『島大国文』第
　　10 号，1981 年 12 月，頁 135〜149。

17) 墨家集団の質的変化ー説話類の意味するものー，『日本中国
　　学会報』第 34 集，1982 年 10 月，頁 17〜30。

18) 『太平経』に於ける究極者，『東方宗教』第 60 号（日本道教
　　学会），1982 年 10 月，頁 1〜22。

19) 道　法を生ずー道法思想の展開ー，『島根大学教育学部紀要』
　　第 16 巻，1982 年 12 月，頁 1〜32。

20) 荘周寝言，金谷治編『中国における人間性の探究』（創文社），
　　1983 年 2 月，頁 47〜61。

21) 古佚書『伊尹九主』の政治思想，『島大国文』第 12 号，1983
　　年 10 月，頁 37〜53。

22) 秦帝国の法治主義ー皇帝と法術ー，『島根大学教育学部紀要』
　　第 17 巻，1983 年 12 月，頁 1〜45。

23) 黄老道の政治思想ー法術思想との対比ー，『日本中国学会報』
　　第 36 集，1984 年 10 月，頁 40〜54。

24) 秦の皇帝観と漢の皇帝観ー「秦漢帝国論」批判ー，『島根大学
　　教育学部紀要』第 18 巻，1984 年 12 月，頁 51〜96。

25) 鬼哭一古代中国の文字意識一，『島大国文』第 14 号，1985 年 12 月，頁 11〜21。

26) 帛書「五行篇」の思想史的位置一儒家による天への接近一，『島根大学教育学部紀要』第 19 巻，1985 年 12 月，頁 1〜55。

27) 普遍者たち一『公孫龍子』通変論の立場一，『島根大学教育学部紀要』第 20 巻，1986 年 12 月，頁 39〜56。

28) 漢の帝国運営と黄老道（上），『中国研究集刊』黄号（大阪大学文学部中国哲学研究室），1987 年 4 月，頁 6〜16。

29) 『列子』と神仙・養生思想，坂出祥伸編『中国古代養生思想の総合的研究』（平河出版社），1988 年 2 月，頁 198〜243。

30) 公孫龍における正名一『公孫龍子』名実論の立場一，『東北大学教養部紀要』第 49 号，1988 年 12 月，頁 67〜87。

31) 受命なき聖人一『中庸』の意図一，『集刊東洋学』第 61 号，1989 年 5 月，頁 1〜23。

32) 『呂氏春秋』と天人相関思想（上）一編集意図探究の一環として一，『呂氏春秋研究』第 4 号，（呂氏春秋研究会），1990 年 7 月， 頁 20〜31。

33) 公孫龍後学一『公孫龍子』跡府篇の意図一，『東北大学教養部紀要』第 54 号，1990 年 12 月，頁 93〜113。

34) 董仲舒・天人対策の再検討一儒学の国教化をめぐって一，片野達郎編『正統と異端』（角川書店），1991 年 2 月，頁 251〜271。

35) 太古の事は滅びたり一楊朱の反歴史主義一，渡部治雄編『文化における時間意識』（角川書店），1992 年 2 月，頁 119〜137。

36) 『尹文子』の文献的性格，『集刊東洋学』第 67 号，1992 年 5 月，頁 22〜42。

37) 『尹文子』の形名思想，内藤幹治編『中国的人生観・世界観』（東方書店），1994 年 3 月，頁 95〜123。

38) 儒教の形成（I）ーカリスマとしての孔子ー，『国際文化研究科論集』創刊号（東北大学国際文化研究科），1994 年 3 月，頁 1〜16。

39) 儒教の形成（II）ー孔子の野望と挫折ー，『国際文化研究科論集』創刊号，1994 年 3 月，頁 17〜30。

40) 儒教の形成（III）ー孔子の聖人化ー，『国際文化研究科論集』第 2 号，1994 年 12 月，頁 1〜22。

41) 儒教の形成（IV）ー『春秋』と孔子素王説ー，『国際文化研究科論集』第 2 号，1994 年 12 月，頁 23〜42。

42) 儒教の形成（V）ー緯書による孔子の神秘化ー，『国際文化研究科論集』第 3 号，1995 年 12 月，頁 1〜25。

43) 儒教の形成（VI）ー『孝経』の著作意図ー，『国際文化研究科論集』第 3 号，1995 年 12 月，頁 27〜55。

44) 儒教の形成（VII）ー王者への道ー，『国際文化研究』第 2 号，1995 年 12 月，頁 1〜15。

45) 儒教の形成（VIII）ー王号の獲得ー，『島大国文』第 25 号，田中塋一先生退官記念号，1997 年 2 月，頁 75〜92。

46) 儒教の形成（IX）ー王号の剥奪ー，『国語教育論叢』第 6 号，田中塋一先生退官記念号，1997 年 3 月，頁 135〜154。

47) 儒教の形成（X）ー康有爲『孔子改制考』の儒教神学（1）ー，『国際文化研究科論集』第 4 号，1996 年 12 月，頁 1〜16。

48) 儒教の形成（XI）ー康有爲『孔子改制考』の儒教神学（2）ー，『国際文化研究科論集』第 4 号，1996 年 12 月，頁 17〜35。

49) 公孫龍の思想―時代との関わり―，『日本中国学会創立五十年記念論文集』（汲古書院），1998 年 10 月，頁 25～38。

50) 郭店楚簡『窮達以時』の「天人之分」について，『集刊東洋学』第 83 号，2000 年 5 月，頁 21～37。

51) 郭店楚簡『太一生水』と『老子』の道，『中国研究集刊』26 号，2000 年 6 月，頁 1～12。

52) 郭店楚簡『緇衣』の思想史的意義，『集刊東洋学』第 86 号，2001 年 11 月，頁 1～20。

53) 郭店楚簡『唐虞之道』の著作意図―禅譲と血縁相続をめぐって―，『大久保隆郎教授退官紀念論集　漢意とは何か』（東方書店），2001 年 12 月，頁 3～23。

54) 『春秋』の成立時期―平勢説の再検討―，『中国研究集刊』29 号，2001 年 12 月，頁 1～37。

55) 戦国楚簡『周易』について，『中国研究集刊』29 号，2001 年 12 月，頁 38～46。

56) 戦国楚簡と古代中国思想史の再検討，『中国出土資料研究』第 6 号，2002 年 3 月，頁 9～17。

57) 『五行篇』の成立事情―郭店写本と馬王堆写本の比較―，『中国出土資料研究』第 7 号，2003 年 3 月，頁 1～24。

58) 上博楚簡『容成氏』における禅譲と放伐，『中国研究集刊』36 号，2004 年 12 月，頁 15～35。

59) 上博楚簡『魯邦大旱』における「名」，『国語教育論叢』第 14 号，木村東吉先生退官記念号，2005 年 3 月，待刊。

60) 上博楚簡『魯邦大旱』の刑徳論，『中国研究集刊』36 号，2004 年 12 月，頁 1～14。

61）上博楚簡『恒先』の道家的特色，

【書評】

1）加地伸行著『中国論理学史研究―経学の基礎的研究―』，『集刊東洋学』第 51 号，1984 年 5 月，頁 123〜133。

2）日原利国著『漢代思想の研究』，『集刊東洋学』第 57 号，1987 年 5 月，頁 130〜141。

3）福永光司著『道教思想史研究』，『東洋史研究』第 47 巻第 2 号（京都大学東洋史研究会），1989 年 9 月，頁 125〜134。

4）板野長八著『儒教成立史の研究』，『東洋史研究』第 55 巻第 1 号，1996 年 6 月，頁 192〜200。

【其他】

1）『孫子索引』，東北大学中国哲学研究室刊，三浦吉明氏と共編，1971 年 11 月，全 170 頁。

2）「公孫龍」「恵施」「堅白同異」の項目執筆，日原利国編『中国思想辞典』（研文出版），1984 年 4 月，頁 25。

3）加地伸行編『孫子の世界』（新人物往来社），分擔第二部・第一章　二人の孫子とその時代（頁 112〜132），第四章（二）『孫子』をめぐる文献問題（頁 238〜248）。1984 年 11 月。

4）先秦の知恵と笑い，『国語通信』4（筑摩書房），1985 年 4 月，頁 23〜29。

5) 公孫龍，日原利国編『中国思想史（上）』（ぺりかん社），1987 年 3 月，頁 79〜88。

6) 仙台の漢学，『新しい漢文教育』12 号（研文社），1991 年 10 月，頁 85〜90。

7) 司馬遷の人と思想，『しにか』（大修館書店）第 6 巻第 4 号，1995 年 4 月，頁 34〜39。

8) 管子・申不害・慎到・商鞅・韓非子，『しにか』第 6 巻第 12 号，1995 年 12 月，頁 64〜75。

9) 宮城県大和町産の後期中新世サイ上科臼歯化石，『地球科学』50 巻 1 号，1996 年 1 月，頁 66〜69。

10) 孔子教団の誕生，『しにか』第 7 巻第 4 号，1996 年 4 月，頁 10〜18。

11) 中国における「気」の概念，『日本語学』（明治書院）第 15 巻第 7 号，1996 年 7 月，頁 29〜37。

12) 老荘思想の歴史，加地伸行編『老荘思想を学ぶ人のために』（世界思想社），1997 年 11 月，頁 19〜35。

13) 天，『しにか』第 8 巻第 12 号，1997 年 12 月，頁 12〜15。

14) 分擔「道家思想」「墨子」「中国論理学」等項目，『岩波　哲学・思想事典』（岩波書店），1998 年 3 月。

15) 「亡霊は甦る―新出土資料と古代中国研究」，『図書』（岩波書店）第 610 号，2000 年 2 月，頁 17〜21。

16) 武士道と儒教，『木這子』（東北大学付属図書館報）vol. 24，No. 4，2000 年 3 月，頁 7〜13。

17) 孫子　兵法の神髄，週刊朝日百科『世界の文学』102，2001 年 7 月，頁 11-044〜11-045。

18) 諸子百家は《論語》をどう読んだか，『しにか』第 12 巻第 2
    号，2001 年 2 月，頁 20〜25。

19) 諸子百家の時代，『しにか』第 13 巻第 12 号，2002 年 11 月，
    頁 14〜17。

20) 墨子の思想，『しにか』第 13 巻第 12 号，2002 年 11 月，頁 34
    〜37。

21) 孔子は『易』を学んだか？『図書』（岩波書店）第 656 号，2003
    年 12 月，頁 26〜31。

國家圖書館出版品預行編目資料

戰國楚簡研究／淺野裕一著；佐藤將之監譯.
-- 初版 -- 臺北市：萬卷樓, 2004
面；　　公分
含索引
ISBN 957-739-510-4 (平裝)

1.簡牘 － 研究與考訂
796.8　　　　　　　　　　　　　93021552

戰國楚簡研究

著　　　者：淺野裕一

監　　　譯：佐藤將之

發　行　人：許素真

出　版　者：萬卷樓圖書股份有限公司

　　　　　　臺北市羅斯福路二段 41 號 6 樓之 3

　　　　　　電話(02)23216565・23952992

　　　　　　傳真(02)23944113

　　　　　　劃撥帳號 15624015

出版登記證：新聞局局版臺業字第 5655 號

網　　　址：http://www.wanjuan.com.tw

E　—mail：wanjuan@tpts5.seed.net.tw

承 印 廠 商 ： 晟齊實業有限公司

定　　　價：300 元

出 版 日 期 ： 2004 年 12 月初版